# Le climat, à quel prix ?

Christian de Perthuis
et
Raphaël Trotignon

# Le climat, à quel prix ?

## La négociation climatique

Odile
Jacob

15, rue Soufflot, 75005 Paris

www.odilejacob.fr

ISBN : 978-2-7381-3299-4

INTRODUCTION

# Nom de code : COP-21 !

Rendez-vous à la COP-21 ! La formule résonne comme un nom de code dans un roman d'espionnage. Bien loin de réunir quelques agents secrets dans un emplacement choisi pour sa discrétion, la COP-21, vingt et unième conférence des parties à la convention des Nations unies sur le climat, se tiendra en décembre 2015 à Paris. Pas moins de 40 000 personnes y sont attendues, sur le site du Bourget. Son objet ? Signer un accord international pour renforcer l'action collective face aux changements du climat.

Le grand public connaît rarement les acronymes utilisés dans les couloirs des Nations unies. Si la COP-21 ne lui parle pas directement, il s'est habitué au fil des ans à cette conférence sur le climat qui se tient chaque année début décembre. Il ne fait pas toujours le lien avec les élans fondateurs des pionniers qui ont signé la convention sur le climat en 1992 puis, dans sa foulée, le protocole de Kyoto. Le sommet très médiatisé de Copenhague, où les chefs d'État ont sauvé les apparences en signant à la hâte un accord politique sans portée réelle a laissé plus de traces. Il a aussi semé le doute dans une partie de l'opinion. À quoi sert l'ONU dans le domaine du climat ? Simple machine à produire des professions de foi ?

Au cours des deux dernières décennies, les déclarations d'intention sur la nécessité d'infléchir les émissions de gaz à effet de serre pour éviter les risques d'un réchauffement de la planète supérieur à 2 °C n'ont pas manqué. Elles sont réitérées chaque année lors des conférences sur le climat tenues sous l'égide des Nations unies. Et pourtant, le constat des chiffres est sans appel. Dans son cinquième rapport d'évaluation paru à l'automne 2014, le Groupement international des experts sur le climat (GIEC) rappelle que les émissions mondiales de gaz à effet de serre se sont accélérées depuis 2000. Elles ont atteint un rythme de hausse jamais approché depuis 1970. Une tendance qui nous conduit vers un réchauffement moyen bien supérieur à 2 °C, d'après le GIEC.

La conférence de Paris peut-elle mettre un terme à ce grand écart entre les mots et les choses ? Les incorrigibles optimistes relèvent les avancées qu'on peut détecter dans les déclarations des grands de ce monde : mention du climat dans les derniers communiqués du G20 ; accord bilatéral Chine/États-Unis, les deux premiers émetteurs de gaz à effet de serre au monde, engagement réitéré de l'Union européenne. Les entreprises et les acteurs des territoires s'activent pour nourrir un « agenda des solutions » face aux risques climatiques. Les militants restent méfiants. Ils se comptent et s'organisent pour arracher depuis la rue un accord « juridiquement contraignant » pour les gouvernements. La diplomatie française, pays hôte de la conférence, a mobilisé tous les talents de son réseau alors que le président Hollande, nouveau converti à la cause climatique, ne manque pas une occasion de rappeler l'importance qu'il attache au rendez-vous de Paris.

Mais comment juger du succès ou de l'échec d'une conférence climatique ? À la qualité du texte de l'accord qui devra être signé répondront les plus avertis. De quelle qualité s'agit-il ? Certainement pas la qualité littéraire, les termes d'un accord international étant à peu près aussi abscons que le langage codé du bail que le notaire vous demande de bien vouloir parapher au moment de l'achat de votre bien immobilier. S'il s'agit de la qualité juridique, on voit les limites de l'exercice : on sort plus facilement d'un accord international juridiquement contraignant du type protocole de Kyoto que d'un bail rural à long terme en France. Sur quels critères devrons-nous alors juger les résultats de la conférence de Paris ?

Le premier objectif de cet ouvrage est de mettre sur la table les informations de base permettant de comprendre le fonctionnement de la négociation climatique. Nous proposons donc au lecteur de découvrir les coulisses de l'arène des négociations pour qu'il puisse mieux décoder ce qui se passe sur le devant de la scène. Il aura ainsi en main des éléments pour se positionner dans un débat public trop souvent dominé par des partis pris idéologiques, quand il n'est pas tronqué par le jeu des lobbies.

Un deuxième objectif se greffe à ce projet didactique. Économistes de métier, nous cherchons à mieux cerner les interactions entre le réchauffement de la planète et le fonctionnement de l'économie. Nous ne sommes donc pas « neutres » dans le débat sur le changement climatique. À l'approche de la conférence de Paris, nous assistons à une inflation verbale sur les vertus des engagements citoyens et des approches volontaristes. La mobilisation des militants et des acteurs économiques et territoriaux est éminemment respectable et indispensable à la conduite de l'action face aux risques climatiques. Mais l'enjeu principal de la COP-21 n'est pas de mettre en avant ces initiatives ou de les agréger dans un « agenda des solutions ». Il est de changer les règles du jeu en introduisant une nouvelle valeur dans l'économie internationale : celle que nous accordons collectivement au climat. Un accord climatique ambitieux doit donc se jauger à sa capacité à modifier les règles du jeu économique, afin de réduire l'écart croissant entre les intentions bien pensantes – rester en dessous du 2 °C – et la trajectoire en accélération des émissions mondiales de gaz à effet de serre.

L'organisation du livre reflète ce parti pris.

Le chapitre 1 rappelle que la question climatique prend racine dans la mondialisation des économies qui a permis une vague d'expansion inédite dans l'histoire humaine. La redistribution de la croissance en faveur des pays émergents accroît la pression sur les ressources, dans une géopolitique où émergent de nouveaux rapports de force. Dans la sphère énergétique, le plus clair résultat en est un formidable élargissement de la capacité humaine à retirer des énergies fossiles du sous-sol. Un accord climatique ambitieux doit s'intégrer dans cette géopolitique pour que les transitions énergétiques engagées cessent de rejeter toujours plus de $CO_2$ dans l'atmosphère.

Peut-on anticiper les impacts de cette accumulation séculaire de $CO_2$ dans l'atmosphère ? C'est ici qu'entrent en jeu les scientifiques du climat. Dans ses cinq rapports d'évaluation, le GIEC a fourni une masse croissante d'information au grand public, sans toutefois faire totalement reculer le « climatoscepticisme ». La science ne lève ni ne lèvera jamais l'ensemble des incertitudes sur les interactions complexes entre émissions de gaz à effet de serre et dérèglements du climat. Dans le chapitre 2, nous invitons le lecteur à réfléchir à la bonne façon de se positionner par rapport à ces incertitudes, quand on n'appartient pas soi-même à cette communauté scientifique.

La troisième étape du parcours consiste à aller chercher un rétroviseur pour tirer les bonnes leçons d'un quart de siècle de négociations climatiques. Ce cheminement rétrospectif montre que d'excellents principes comme celui de la « responsabilité commune mais différenciée » sont devenus des facteurs récurrents de blocage dans la négociation. En réaction, les négociateurs ont introduit de nouveaux sujets de discussion sans progresser sur l'essentiel : la réduction des émissions de gaz à effet de serre. Sortir de ces blocages implique de revenir aux principes fondamentaux en resserrant la négociation autour de trois piliers : les engagements des gouvernements sur les émissions, un système crédible de mesure et vérification, des instruments économiques adaptés.

Au chapitre 4, nous examinons comment ces trois piliers doivent se combiner pour que la conférence de Paris introduise une véritable rupture dans la vie internationale. Ni approche descendante du type protocole de Kyoto, ni accord self-service où chacun apporte ce qui lui convient comme à Copenhague, l'accord de Paris devra trouver les voies d'intégration des pays émergents, des exportateurs d'énergie fossile et des pays moins avancés. Cela passe par une tarification internationale du carbone qui redirige les investissements vers la décarbonation des économies et opère simultanément des transferts de ressources en faveur des pays en retard de développement.

Nous nous interrogeons en conclusion sur ce qui se passerait en cas d'absence d'accord international. Disons-le tout de suite : ce ne serait ni la fin du monde, ni celle des politiques climatiques. L'absence de coordination internationale en matière climatique conduirait en premier lieu à des gaspillages conséquents de ressources économiques, au détriment de la prospérité. Au plan climatique, elle inciterait nombre de décideurs à retarder le démarrage de l'action en reportant une charge croissante et beaucoup d'incertitudes sur les générations futures. Elle laisserait les pays les plus vulnérables très démunis face aux impacts du changement climatique. Dans cette fuite en avant, nos sociétés pourraient bien succomber aux charmes trompeurs de l'optimisme technologique, notamment à ceux de la géo-ingénierie qui consisterait à développer des techniques permettant demain de modifier artificiellement le climat. Renoncer à un accord climatique ambitieux, c'est accepter une prise de risque collective supplémentaire sur le futur. Arrivé au terme du parcours, ce sera au lecteur de juger en connaissance de cause s'il souhaite assumer ce type de risque.

CHAPITRE 1

# S'inscrire dans la géopolitique contemporaine

Un extraterrestre débarquant sur notre planète au début du mois de décembre 2014 aurait découvert un tableau schizophrénique. D'un côté, Lima : les ministres de l'Environnement jouent les prolongations à la conférence annuelle des Nations unies sur le climat. Ils cherchent à défricher les voies d'un accord climatique qui pourrait être signé à Paris en décembre 2015. Sans grand succès. De l'autre, Washington : dans les locaux du FMI, les responsables économiques se réjouissent de la chute du prix du pétrole. Pendant le sommet climatique, le baril est tombé à 60 dollars. Un véritable contrechoc pétrolier, incitant à la consommation d'énergie fossile, mais susceptible de faciliter la relance d'une économie mondiale chancelante. Une « bénédiction pour l'économie française » ne craint pas d'afficher le quotidien économique *Les Échos*, quand *Le Monde* se demande s'il ne s'agit pas enfin de la bonne étoile de François Hollande pour inverser la courbe du chômage.

Si nous sommes schizophrènes, c'est parce que la préservation du climat reste une préoccupation largement extérieure à la sphère économique. En permettant de consommer plus de pétrole avec moins d'argent, il ne fait aucun doute que ce nouveau contrechoc pétrolier va stimuler les émissions de $CO_2$ et accélérer le réchauffement de la planète. Mais que vaut à court terme la protection du climat face à un peu plus de croissance et sans doute moins de chômeurs ? Pas grand-chose en vérité. Et cette échelle des valeurs ne date pas d'hier : historiquement, la recherche de nouvelles sources d'énergie fossile a constitué un puissant moteur pour le développement de l'économie mondiale. C'est pourquoi chaque nouvelle étape de la mondialisation a généré une accumulation supplémentaire de gaz à effet de serre dans l'atmosphère.

L'enjeu central de la négociation sur le climat est de déconnecter rapidement la croissance de l'économie mondiale des émissions anthropiques de gaz à effet de serre. La négociation pour parvenir à Paris à un accord dans ce sens est complexe. Pour être efficace, un tel accord doit être universel. Or l'enjeu se décline différemment pour les pays développés, les pays émergents et les pays moins avancés. Sans compter le groupe des producteurs et exportateurs d'énergies fossiles qui peuvent appartenir à chacune des trois catégories précédentes. Malgré ces différences, comment trouver un intérêt partagé pour mettre la protection du climat au cœur des prochaines étapes de la mondialisation ?

# *Brève histoire de la mondialisation et du $CO_2$*

Pour beaucoup de nos concitoyens, la mondialisation est un mouvement récent, synonyme de montée en régime de nouvelles puissances économiques provoquant chez nous délocalisations, chômage, menaces sur les acquis sociaux... Les historiens de l'économie, comme Angus Maddison ou Paul Bairoch[1], sont là pour nous rappeler que l'ouverture et l'interdépendance des économies ne datent pas d'hier. Depuis bientôt deux siècles, elles constituent un puissant moteur de la création de richesse et d'élévation du niveau de vie. Ce mouvement séculaire peut être décomposé en cinq grandes phases.

## Les prémices (1500-1820)

Autant qu'on puisse le reconstituer, l'économie mondiale passe d'un régime stationnaire à un régime de croissance vers la fin du XVe siècle, celui des grandes découvertes. Les progrès techniques, principalement localisés dans l'agriculture et la navigation, déclenchent une lente montée de la productivité à l'origine d'un premier cycle séculaire de croissance. Jusque vers 1820, cette croissance est à peine décelable dans le passage d'une génération à l'autre : il faut plus de deux cents ans pour doubler le PIB par habitant ! Le changement de régime économique se transmet à la démographie. La population mondiale triple entre 1500 et 1820.

1. Angus Maddison, *The World Economy : A Millenial Perspective*, OCDE, 2001. Paul Bairoch et Maurice Levy-Boyer, *Disparities in Economic Development since the Industrial Revolution*, Macmillan, 1981.

Cette première phase de la mondialisation ne modifie que très marginalement le bilan des rejets anthropiques de gaz à effet de serre. La biomasse est le pilier du système énergétique, avec des renforts ponctuels de l'éolien et des rivières (moulins, navigation à voile). Son usage s'inscrit dans un cycle court où sa combustion ne fait que rejeter dans l'atmosphère le carbone préalablement stocké dans la plante. Le défrichement des forêts pour la culture et l'élevage constitue alors la première source d'émission de $CO_2$ d'origine anthropique, bien trop faible pour impacter le système climatique.

## L'essor industriel classique (1820-1940)

Une première accélération de la croissance s'amorce vers 1820 en Angleterre et se transmet rapidement à l'Europe occidentale puis aux États-Unis. Grâce à la domestication et à l'utilisation à grande échelle de nouvelles formes d'énergie (le charbon, puis le pétrole et l'électricité), l'économie mondiale change à nouveau de régime. Le produit par tête progresse d'un peu moins de 1 % par an, soit un doublement tous les soixante-dix ans. Ce progrès engendre une baisse de la mortalité à l'origine de l'accélération démographique qui se cumule à l'amélioration du niveau de vie par habitant. Si l'on regarde le produit total et non plus le produit par tête, celui-ci double tous les quarante ans pendant plus d'un siècle !

Un tel rythme transforme les conditions de vie notamment *via* l'urbanisation. Il s'accompagne d'un creusement considérable des écarts entre zones économiques. La richesse se polarise comme jamais elle ne le fit historiquement sur l'Europe, l'Amérique du Nord et le Japon, qui totalisent de l'ordre d'un cinquième de la population mondiale. D'immenses espaces économiques sont simultanément déstructurés par l'expansion européenne et américaine. En particulier, le poids des économies chinoise et indienne est laminé durant cette période qui fut aussi celle de l'exploitation coloniale.

Négligeables en 1820, les rejets atmosphériques de $CO_2$ d'origine énergétique atteignent un peu plus de 2 tonnes par habitant au démarrage du second conflit mondial. Pour l'essentiel, ces émissions se concentrent sur les pays occidentaux et le Japon. À 80 %, elles résultent de l'usage du charbon, bien que le pétrole ait pris un rôle significatif dans la croissance des émissions mondiales à partir de 1920. Les émissions d'origine énergétique ont pris le pas sur celles résultant de la déforestation au début du XX^e^ siècle. Leur poids ne cessera de croître par la suite.

## « L'âge d'or » de l'après-guerre (1945-1975)[2]

L'après-guerre connaît une nouvelle accélération de la croissance. Elle est spectaculaire et inattendue. Dans les pays d'industrialisation ancienne (Europe, États-Unis, Japon), la dynamique est amorcée par les dépenses de reconstruction des dégâts occasionnés par le second conflit mondial. Aussi, l'Europe de l'Ouest et encore plus le Japon figurent parmi les économies qui profitent le plus de cet « âge d'or ». Le fait nouveau est que la croissance économique et démographique se diffuse bien plus largement dans le reste du monde. Globalement, l'augmentation du PIB par habitant avoisine le rythme de 3 % par

2. Nous reprenons la formule de l'« âge d'or » utilisée par Maddison pour caractériser cette période. En France, l'économiste Jean Fourastié a popularisé l'expression des Trente Glorieuses pour la qualifier.

an, soit un doublement tous les quarts de siècle : du jamais-vu dans l'histoire humaine !

L'âge d'or est marqué par une soif inextinguible de pétrole. L'or noir supplante le charbon comme première source de rejet atmosphérique de $CO_2$ à la fin des années 1960. Le gaz naturel devient alors également une source majeure d'émission. Cette dynamique fait doubler les émissions par tête : en 1975, un terrien rejette en moyenne 4 tonnes de $CO_2$ d'origine énergétique. En trente ans, l'utilisation croissante d'énergies fossiles provoque le rejet de 300 milliards de tonnes de $CO_2$, soit bien plus que le cumul de toutes les émissions antérieures. Simultanément, le développement de nouvelles pratiques de culture et d'élevage fait de l'agriculture la première source d'émissions de méthane et de protoxyde d'azote, deux autres gaz à effet de serre.

Beaucoup pensent que l'anomalie historique constituée par l'âge d'or va prendre fin dans les années 1970. L'éclatement du système monétaire hérité de Bretton Woods au début de la décennie est suivi d'une violente récession consécutive au choc pétrolier. La publication par le Club de Rome du rapport de chercheurs du MIT, *Halte à la croissance*[3], met l'accent sur les limites physiques à la croissance. Les premières estimations de l'Agence internationale de l'énergie indiquent que les réserves prouvées de pétrole ne dépassent pas quarante années d'exploitation. Cela conforte la vision d'une expansion qui va buter sur l'épuisement des stocks de matières premières. L'histoire va pourtant s'écrire suivant un autre scénario : non pas celui du ralentissement de la croissance mondiale, mais celui de sa redistribution entre ensembles géographiques.

3. En anglais, *The Limits to Growth*, également connu sous le nom de rapport Meadows, 1972.

## Le retour du balancier : la redistribution de la croissance (1975-2000)

Vingt-cinq ans après la publication de *Halte à la croissance*, l'affaiblissement de l'expansion ne fait aucun doute dans les pays d'industrialisation ancienne. Entre 1975 et 2000, le ralentissement est très marqué au Japon qui tombe dès le début des années 1990 dans le piège déflationniste. En Europe et aux États-Unis, les espoirs placés dans les nouvelles technologies de l'information sont déçus, même si la montée de l'endettement privé masque un certain temps les difficultés d'ajustement de ces économies.

L'essoufflement des vieilles économies est compensé par un puissant mouvement de balancier en faveur des pays émergents. Parti au démarrage de petits pays asiatiques, le mouvement se propage à la Chine continentale avec l'ouverture des marchés consécutive au retour au pouvoir de Deng Xiaoping. Il se transmet ensuite à d'autres grands pays comme l'Inde, le Brésil. Opérant une accumulation de capital d'un rythme inédit, ces pays comblent à partir de 1973 le retard séculaire pris durant les premières phases de la mondialisation. L'ouverture commerciale a pris une dimension nouvelle et le capital financier est devenu totalement mobile, à la suite de la libéralisation des marchés. Les technologies de l'information facilitent l'acquisition de nouveaux savoir-faire, la diffusion des innovations et l'interconnexion des marchés.

La propagation de cette dynamique aux autres régions du monde ne se fait pas sans heurts. L'Amérique latine met une bonne décennie à s'ajuster à la nouvelle donne pétrolière avec la crise de la dette mexicaine qui ébranle le continent pendant la décennie 1980. L'Afrique peine encore davantage, avec un recul du PIB par habitant entre 1973 et 1998. La transition de l'URSS vers l'économie de marché s'opère dans les pires conditions. La désagrégation de l'État et l'application de recettes libérales naïvement transposées de l'École de Chicago provoquent une implosion de l'économie russe et de ses anciens satellites durant les années 1990.

Le rythme de progression des émissions liées à l'énergie ralentit à la suite des deux chocs pétroliers de 1973 et 1980. Elles se stabilisent à un peu plus de 4 tonnes de $CO_2$ par habitant, en entamant un mouvement de redistribution géographique vers les pays émergents. Du fait de la croissance démographique, leur volume global continue à progresser. Sur le dernier quart du XXe siècle, elles avoisinent 550 milliards de tonnes de $CO_2$, soit deux fois plus que durant les vingt-cinq années précédentes.

## Les nouvelles dynamiques de l'économie mondiale (2000-2015)

Avec le démarrage du nouveau millénaire, la diffusion géographique de la croissance s'accentue. Le centre de gravité de l'économie mondiale se déplace rapidement vers la Chine et les pays émergents. L'Amérique latine est sortie de ses difficultés dès le début de la décennie 1990. La Russie et ses anciens satellites parviennent à enrayer leur spirale dépressive vers 1997-1998. À partir de 2001, l'Afrique subsaharienne, jusqu'alors restée à l'écart du mouvement, voit sa croissance par habitant fortement remonter. La redistribution spatiale de la croissance s'accompagne de progrès inédits en matière de réduction de la pauvreté et d'amélioration des conditions de vie. Pour une grande partie du monde en développement cette étape de la mondialisation, à l'origine de beaucoup d'angoisses chez nous, constitue un véritable « âge d'or » : jamais la pauvreté n'a reculé aussi vite à l'échelle planétaire, malgré la montée en parallèle des inégalités.

La vulnérabilité des économies développées est mise à nu avec l'éclatement de la bulle financière en 2008 qui déclenche une récession d'une ampleur inédite depuis la grande crise de 1929. Comme l'analyse l'économiste américain Robert Gordon, les perspectives de croissance de ces pays en sortent affaiblies. Lorsque éclate la grande récession de 2008-2009, la fragilité financière des vieux pays industrialisés apparaît au grand jour : ils ont accumulé un endettement de plusieurs centaines de milliards de dollars sur les pays émergents. Avec les accords de Bretton Woods, le monde de l'après-guerre était organisé avec l'Amérique au centre, capable de refinancer le reste du monde. Désormais, le Trésor des États-Unis a besoin des investisseurs chinois pour boucler ses fins de mois !

À partir de 2000, les émissions mondiales s'accélèrent à nouveau. Elles retrouvent un rythme comparable à celui observé durant l'âge d'or. Les émissions liées à l'agriculture et à la forêt se stabilisent pourtant, avec le ralentissement de la déforestation en Amérique latine. Mais celles liées à l'énergie rebondissent du fait de l'accélération de la croissance des pays émergents qui mobilisent de nouvelles sources charbonnières. Le charbon redevient la première source d'émission dans le monde. Entre 2000 et 2015, les rejets de $CO_2$ d'origine énergétique dans l'atmosphère dépassent 450 milliards de tonnes. Il avait fallu soixante-quinze ans au début du XX$^e$ siècle pour atteindre un tel cumul d'émission.

La redistribution spatiale des sources d'émission est rapide. En 1990, année de référence du protocole de Kyoto, les pays industrialisés et du bloc soviétique étaient à l'origine de deux tiers des émissions mondiales. En 2015, ils y contribuent à moins de 40 %. Une nouvelle géographie des émissions reflétant les mutations de l'économie mondiale s'est rapidement dessinée. Parmi les dix premiers émetteurs au monde de $CO_2$ d'origine énergétique, quatre appartiennent au monde industrialisé, quatre aux émergents et deux aux pays producteurs et exportateurs d'hydrocarbures.

## *Carbone d'en bas et carbone d'en haut*

Depuis le début de l'ère industrielle, les alertes ont été nombreuses pour annoncer la fin d'un processus de croissance reposant sur la dilapidation progressive du stock d'énergies fossiles. Dès 1865, l'économiste William Stanley Jevons tire la sonnette d'alarme à propos du charbon dont il annonce l'épuisement rapide. Un siècle plus tard, les travaux du MIT élargissent la problématique à l'ensemble des matières premières. La remontée des cours du pétrole au début du XXIe siècle est interprétée par certains comme le signe que le *peak oil*[4] a été dépassé. Impossible d'échapper aux lois de la géologie. Cette fois-ci est bien la bonne : le monde va manquer de pétrole et être contraint de transiter vers d'autres énergies !

4. La notion de *peak oil* a été développée par le géologue Hubbert à partir de l'observation de l'exploitation des puits américains. La « courbe d'Hubbert » indique que l'extraction pétrolière devient coûteuse et déclinante à partir du moment où la moitié des réserves ont été extraites. En utilisant ce type de courbe, certains pronostiquent l'épuisement des réserves mondiales.

L'économie réelle a toujours déjoué ces pronostics. Le récent contre-choc pétrolier en fournit une énième illustration : alors que se multipliaient les alertes sur les risques de pénurie d'énergie, le renchérissement du brut générait des innovations techniques et de nouvelles vocations en matière d'exploration. Du Texas au Dakota du Nord, les nouveaux entrepreneurs du pétrole et du gaz de schiste recréaient bientôt l'abondance. Le mur de la rareté était une fois de plus repoussé grâce à l'innovation.

Un puissant mécanisme économique se cache derrière cette histoire à répétition : celui de la rente associée à l'extraction des énergies fossiles. Les marchés nationaux ou internationaux de l'énergie sont loin d'être parfaits. Mais ils indiquent, *via* les prix, la plus ou moins grande rareté des stocks d'énergie fossile sous nos pieds, et les contraintes pesant sur leur acheminement. Cette rareté permet aux producteurs d'incorporer une rente dans la valeur de leurs produits. Au sommet des cours du baril, la rente pétrolière et gazière a été estimée à près de 5 000 milliards de dollars, soit la valeur du PIB de la France et du Brésil réunis. Une formidable manne au cœur de la géopolitique de l'énergie. Également, une munition financière très efficace pour aller chercher toujours plus de pétrole et de gaz. Un mécanisme similaire fonctionne en matière d'extraction du charbon.

Si l'on s'en remet au fonctionnement spontané de l'économie, il y a donc fort à parier que les émissions de $CO_2$ d'origine énergétique ont de beaux jours devant elles. Et il ne faut surtout pas compter sur la raréfaction du carbone d'en bas pour régler la question climatique. Il y a beaucoup de carbone fossilisé sous nos pieds. Combien exactement ? C'est difficile à dire, car on en découvre toujours plus à mesure que progresse notre connaissance du sous-sol. Or de puissants moyens financiers se mobilisent pour aller l'explorer avec des technologies de plus en plus perfectionnées. Cette mobilisation n'est pas près de s'arrêter car elle contribue à faire émerger des espaces économiques où reculent, au moins à court terme, la misère et la pauvreté. Elle est d'autant plus rentable que rejeter du $CO_2$ dans l'atmosphère reste encore gratuit ou quasi gratuit pour le plus grand nombre.

Les marchés de l'énergie tarifient la rareté du carbone qui est sous nos pieds. Ils ne s'occupent pas de celui qui est au-dessus de nos têtes. Ils ne tarifient pas la rareté de l'atmosphère, cette minuscule pellicule qui régule les flux d'énergie entrant et sortant de notre planète, *via* l'effet de serre. C'est cette gratuité de l'usage de l'atmosphère qui explique la montée séculaire des émissions de gaz à effet de serre que nous avons décrites.

Les climatologues, eux, s'occupent du carbone d'en haut. Celui qui est au-dessus de nos têtes. Quel est leur message principal ? Reportons-nous au cinquième rapport du GIEC dont le rôle est de fournir l'information la plus complète aux non-scientifiques que nous sommes. Pour limiter les risques d'un changement climatique supérieur à 2 °C, il faudrait que le cumul des émissions de $CO_2$ d'origine anthropique depuis le début de la révolution industrielle ne dépasse pas un plafond, un peu inférieur à 3 000 milliards de tonnes. Disons qu'il s'agit là du « budget carbone » que nous pouvons utiliser si nous reprenons à notre compte les recommandations du GIEC. Revenons à notre brève histoire des émissions de gaz à effet de serre. Le tiers de ce budget carbone était consommé à la fin de l'âge d'or : en 1975, le cumul mondial des émissions de $CO_2$ a approché 1 000 milliards de tonnes. En 2015, il a dépassé 2 000 milliards. Nous avons donc utilisé plus des deux tiers de notre budget carbone mondial. Au rythme atteint par les émissions annuelles, la totalité de ce budget aura été consommée avant 2040. Autrement dit : demain !

L'enjeu central de la négociation climatique s'est maintenant clarifié. Depuis deux siècles, le lien entre ouverture des économies, croissance et émissions de gaz à effet de serre n'a cessé de se renforcer. À chaque nouvelle étape, la mondialisation de l'économie a conduit à prélever un peu plus dans le stock de carbone d'en bas, pour le transférer vers l'atmosphère, le stock d'en haut. L'objectif de la négociation internationale autour de la protection du climat est de faciliter la coordination entre pays pour casser ce lien séculaire entre émissions de gaz à effet de serre et croissance économique. Si on prend au sérieux le risque climatique, il faut le faire très rapidement. Il y a urgence climatique, nous disent les climatologues, et ne comptez pas sur l'épuisement naturel du carbone d'en bas, ajoutent les géologues. Un pari impossible ?

## *De la logique du tout ou rien à celle de transition climatique*

En extrapolant les tendances historiques, on trace rapidement des trajectoires d'émission de gaz à effet de serre explosives au regard des risques climatiques. Fort heureusement, extrapoler le passé est généralement la méthode la plus sûre pour se tromper sur le futur. Certaines ONG environnementales ne se privent pourtant pas de construire des scénarios catastrophes à partir de telles extrapolations. Avec quelques images chocs, on obtient alors une sorte de dramaturgie de la négociation climatique, plus ou moins rejouée lors de chaque conférence annuelle organisée sous l'égide des Nations unies : d'un côté, une séquence de catastrophes gravissimes si le monde reste insouciant en continuant d'émettre des gaz à effet de serre. De l'autre, quelque deux cents décideurs, chefs d'État ou ministres, confinés dans l'enceinte de négociation pour trouver en quelques jours un accord permettant d'échapper au pire. Sans oublier les militants dont les banderoles rappellent dans la rue combien le temps est compté pour sauver la planète.

De telles chorégraphies se vendent bien aux médias, même si la négociation climatique ne fonctionne pas vraiment sur une telle logique du tout ou rien. Elle ne peut pas viser le « tout », car les décideurs politiques, à supposer qu'ils en aient la volonté commune, ne décident pas directement des niveaux d'émission de leurs pays respectifs. Elle ne va pas combler le « rien », car fort heureusement beaucoup de choses ont déjà commencé à bouger en matière de gestion du risque climatique et de transition énergétique. Le concept de « transition énergétique » a été défini avec rigueur par Vaclav Smil, à partir d'une approche historique[5] qui est utile à un double titre pour saisir les enjeux de la négociation sur le climat.

En premier lieu, Smil rappelle la forte inertie des systèmes énergétiques dont les transformations historiques prennent beaucoup plus de temps qu'on ne l'imagine communément. Par exemple, le pétrole a mis plus de soixante-dix ans à supplanter le charbon comme première source d'énergie au siècle dernier. Cette inertie résulte de la lourdeur et de la durée de vie du capital immobilisé ainsi que des interactions complexes entre production, transformation-stockage et distribution :

5. Vaclav Smil, *Energy Transitions : History, Requirements, Prospects,* Praeger, 2010.

impossible par exemple de s'appuyer sur un réseau électrique centralisé pour développer massivement des énergies renouvelables produites de façon disséminée. Et tant que l'automobiliste ne trouvera que des pompes à essence le long des routes, il risque de différer son achat de véhicule électrique ou à hydrogène s'il en a besoin pour de longs trajets.

Sous l'angle climatique, cela signifie que les émissions d'aujourd'hui sont largement conditionnées par le stock de capital accumulé hier. Symétriquement, les émissions de demain seront tributaires de nos choix d'investissement d'aujourd'hui. Cela concerne au premier chef les infrastructures liées à l'énergie et au transport, avec une mention spéciale pour toutes celles qui rentrent dans le cadre de l'urbanisation. La ville éclatée, qui s'étale indéfiniment dans des lotissements périurbains, condamne à la surconsommation énergétique. Les agglomérations d'Atlanta et de Barcelone comptent des populations comparables. La première est 24 fois plus étendue que la seconde. Elle émet également 7 fois plus de gaz à effet de serre. Ce n'est pas un choix de ses habitants, mais une contrainte imposée par l'organisation spatiale. Dans la majorité des pays en développement, l'urbanisation progresse à marche forcée et les trajectoires d'émission y seront bien différentes suivant que les villes s'y dessinent suivant le modèle géorgien ou le modèle catalan. C'est la raison pour laquelle le rapport *Better Growth, Better Climate* issu d'une commission coprésidée par l'économiste du climat Nick Stern cite les choix d'urbanisations comme le premier levier à actionner pour accélérer la transition vers une économie décarbonée au cours des quinze prochaines années[6].

6. *Better Growth, Better Climate : The New Climate Economy Report*, Global Commission on the Economy and Climate, présidée par Felipe Calderón et Nicholas Stern, 2014.

Pour apprécier les réelles ambitions climatiques d'un pays, on peut consulter les objectifs affichés par son plan climat. Mais on apprend beaucoup plus en repérant le type de centrales électriques ou le nombre de lignes de transport en commun qu'il construit. De même, l'ambition d'un accord sur le climat ne peut être jaugée aux seuls chiffres de réduction d'émission visés. Il faut aussi repérer sa capacité à déclencher les flux d'investissements permettant de constituer des infrastructures supportant une économie qui demain fonctionnera sans carbone. De tels investissements ne réduisent guère les émissions à court terme. Ils sont en revanche stratégiques car ils agissent sur l'inertie du système énergétique. Comme sur un supertanker dont le timonier change le cap, la dérive est insensible au démarrage, mais une fois amorcé le mouvement s'amplifie de lui-même. Réorienter les investissements aujourd'hui est une condition de premier ordre pour massivement réduire les émissions demain.

Le second enseignement de Smil est que le monde est en train d'entrer dans sa cinquième transition à l'échelle historique, qui verra le système énergétique graduellement s'affranchir de son addiction à l'égard des trois sources fossiles : charbon, pétrole, gaz naturel. Le point d'arrivée de cette transition sera un système décarboné où les sources renouvelables se seront substituées aux fossiles et où les progrès dans l'acheminement et le stockage auront drastiquement réduit la quantité primaire d'énergie dont on a besoin. Si on pilote cette transition avec pour seul repère le carbone d'en bas, la transition risque de s'étaler sur une longue période, car une grande partie des ressources fossiles resteront rentables. Les trajectoires d'émission associées crèveront le budget carbone mondial à respecter pour limiter le risque climatique.

Il faut donc « forcer » cette transition en déplaçant par des politiques volontaristes les trajectoires d'émission où nous conduisent spontanément les marchés énergétiques dans leur fonctionnement actuel. Avec ce forçage, la transition n'est plus seulement énergétique. Elle devient climatique et doit, par conséquent, s'étendre à l'agriculture et à la forêt, qui contribuent à l'essentiel des émissions de gaz à effet de serre non liées à l'usage d'énergie fossile. Le rôle de la négociation climatique internationale est d'assurer la meilleure coordination possible entre les pays pour accélérer cette transition climatique qui a déjà commencé. En pratique, cette coordination apparaît souvent difficile, voire impossible, à mettre en œuvre car le contenu des transitions climatiques à opérer diffère fortement selon les groupes de pays considérés.

## *Géopolitique de la transition climatique*

Le premier critère pour différencier les participants à la négociation est le degré de développement. La ligne de partage binaire pays riches/pays pauvres qui se transforme régulièrement en ligne d'affrontement dans la négociation n'est plus en phase avec la dynamique de l'économie contemporaine. Il convient de lui substituer une vision tripolaire dans laquelle les pays émergents à revenu intermédiaire occupent une place centrale[7]. Le second critère consiste à identifier les pays dont l'économie dépend de la production et de l'exportation d'éner-

7. Nous retenons la classification de la Banque mondiale à partir du PIB aux taux de change courants. *World Development Indicators*, The World Bank, 2014.

gies fossiles et de la captation des rentes qui y sont associées. On pressent que leur intégration dans un accord climatique ne va pas être simple.

Les catégories pertinentes de pays étant établies, la question qui se pose est basique : quel intérêt pourrait avoir chacun d'entre eux à accélérer la transition climatique en réduisant sa propre utilisation du budget carbone global ? La protection du climat est naturellement le bénéfice collectif recherché. Mais il ne sera obtenu qu'à long terme. Si la transition climatique n'apporte à court et à moyen terme que des contraintes supplémentaires et aucun bénéfice, la recherche d'un accord risque d'être problématique. Surtout avec le court-termisme ambiant ! Il y a heureusement d'autres bonnes raisons d'accélérer la transition climatique.

## Les pays développés

Ils regroupent environ un milliard de personnes qui vivent en moyenne avec un revenu supérieur à 35 dollars par jour. Leur poids dans les émissions mondiales baisse car ils semblent avoir atteint un pic à partir duquel les émissions de $CO_2$ déclinent modérément. Ce point de retournement a été atteint durant la décennie 1990 en Europe de l'Ouest avec le jeu combiné de la réunification allemande et de la vague thatchérienne qui ont fait reculer l'usage du charbon. Une quinzaine d'années plus tard, on a observé un phénomène similaire aux États-Unis avec la révolution des gaz de schiste qui chasse le charbon. Pour une part, la baisse des émissions provient aussi de délocalisations industrielles. Il y a alors un simple déplacement de la source d'émission, sans gain pour le climat.

Pour ces pays, forcer la transition climatique, ce serait dépasser les politiques d'améliorations actuellement conduites par tâtonnement pour des stratégies de rupture. Compte tenu de l'importance du capital immobilisé, cette stratégie implique d'accélérer le déclassement des infrastructures les plus émettrices. La bonne façon d'y parvenir est d'introduire un prix du carbone tarifant à leur bon niveau les risques climatiques pour modifier l'échelle des prix relatifs et donc des rentabilités des différents actifs. Une telle stratégie a un coût. Pour l'essentiel, ce coût consiste à financer de l'investissement dont a par ailleurs dramatiquement besoin l'économie. Elle comporte des risques. Mais en prenant ces risques, on peut déclencher une nouvelle vague d'innovations génératrice de compétitivité et d'emplois. Nul ne sait anticiper vers quel mode de fonctionnement social et économique conduisent ces stratégies d'accélération du changement. Mais si les pays développés ne démontrent pas rapidement qu'on peut drastiquement réduire les émissions sans s'appauvrir, ils ne constitueront jamais un partenaire crédible pour entrer dans une coalition internationale face au risque climatique.

## Les pays « moins avancés »

À l'autre extrémité de l'échelle, on trouve l'ensemble des pays moins avancés, suivant la terminologie consacrée. D'après la Banque mondiale, il regroupe près d'un milliard d'habitants qui en moyenne vivent avec moins de 2,80 dollars par jour. Pour la plupart situés en Afrique subsaharienne et en Asie centrale, ces pays comptent pour moins de 2 % des émissions mondiales de gaz à effet de serre. Comme leur système énergétique repose largement sur la biomasse traditionnelle, ces émissions proviennent surtout de l'agriculture et de la forêt. La majorité de la population n'a pas accès à l'électricité et aux formes modernes d'énergie. Les approvisionnements alimentaires sont fragiles. Dans ce contexte, comment concilier les priorités du développement avec la transition climatique ?

La réponse est double. En premier lieu, en s'attachant à renforcer les capacités de résilience de ces économies face aux impacts du changement climatique susceptibles de freiner le développement. Par exemple, en facilitant l'adoption de pratiques culturales adaptées aux changements du climat ou en aidant les communautés les plus vulnérables face à la montée du niveau de la mer. Le déploiement de ces mesures d'« adaptation au changement climatique » est un enjeu clé de développement pour ces pays. En second lieu, en tirant partie de la faiblesse du réseau existant d'infrastructures. Ce handicap initial peut conduire à explorer des chemins inédits en sautant les étapes historiquement suivies par les pays riches. Tous les énergéticiens du monde sont convaincus que la bonne façon d'élargir l'accès à l'énergie est d'investir dans de lourds réseaux de distribution. Avec les nouvelles énergies de flux (solaire et éolien), ne doit-on pas sauter cette coûteuse étape en déployant directement des réseaux de production décentralisée, comme on l'a fait avec le téléphone satellitaire ? Autre exemple : les pays riches sont en train de redécouvrir l'intérêt du biogaz, issu du cycle court du carbone biologique. La récupération de ce biogaz fait souvent partie de la panoplie des savoir-faire ancestraux dans ces pays. Pourquoi ne pas miser dessus plutôt que d'aller chercher du gaz d'origine fossile ?

## Les pays émergents

Ils composent le gros bataillon de la catégorie des pays à revenu intermédiaire, la classe moyenne pourrait-on dire. Le fait majeur est que la mondialisation a sécrété une énorme classe moyenne de pays durant les dernières décennies : près de 5 milliards de personnes y vivent. À des degrés divers, ces pays sont engagés dans des transitions énergétiques qui consistent à mobiliser des sources très majoritairement fossiles pour élargir rapidement leurs approvisionnements énergétiques et relever le niveau de vie de la population. C'est cette dynamique qui est à la source de l'accélération des émissions de $CO_2$ observée depuis quinze ans. Pour une large part, la trajectoire d'émission des trente prochaines années va dépendre des choix opérés dans ces pays, à commencer par les deux plus peuplés d'entre eux : la Chine et l'Inde.

À certains égards, la situation de ces pays rappelle celle de l'âge d'or où les économies industrialisées surfaient sur une croissance de plus en plus émettrice de $CO_2$, permettant d'accélérer la diffusion de logements plus confortables, de voitures particulières et de multiples autres équipements au sein de la population. Les pays émergents ont pourtant deux bonnes raisons de ne pas réemprunter ces cheminements historiques en accélérant la transition climatique. Les modalités actuelles de leur transition énergétique génèrent des coûts environnementaux et sanitaires croissants. Par exemple les rejets de particules fines et de soufre résultant de la combustion du charbon provoquent des dégâts sanitaires estimés à plusieurs points de PIB en Chine ou en Inde. Ces coûts ne sont pas comptabilisés dans les indicateurs classiques mesurant la croissance économique.

Mais ils affectent lourdement le bien-être des populations, comme le fit la diffusion du chauffage au charbon dans nombre de villes européennes au début du siècle dernier. Réduire rapidement ce coût en restreignant l'usage du fossile devient une priorité sanitaire et sociale pour les décideurs, indépendamment de la prise en compte du risque climatique. La seconde raison de forcer la transition climatique relève de la stratégie industrielle. Les innovations pour déployer les solutions bas carbone, tant au niveau des techniques de production, que de stockage ou de distribution, génèrent de nouvelles industries avec des chiffres d'affaires croissant et des emplois à la clé. Se positionner sur ces nouveaux créneaux, à l'image de ce qu'ont réalisé la Chine sur le photovoltaïque ou le Brésil sur les biocarburants, ressort désormais d'une stratégie industrielle bien comprise qui permet la création d'emplois, de biens et services utiles au développement de la population tout en ayant un effet bénéfique sur le climat.

## Les pays producteurs et exportateurs de fossile

Entre 600 et 700 millions de personnes vivent dans les pays dont l'économie repose sur des rentes énergétiques. Le niveau de vie y est généralement artificiellement gonflé par l'existence de la rente énergétique et on y trouve les records en matière d'émission par habitant. Ils cumulent beaucoup d'obstacles pour s'engager dans la transition climatique et leurs engagements sont souvent difficiles à tenir quand ils s'y aventurent : le Canada s'est ainsi discrètement retiré du protocole de Kyoto en 2011, quand il est apparu qu'il ne tiendrait pas ses engagements. L'une des premières décisions du Premier ministre australien Tony Abbott lors de son élection en 2013 a été de démanteler le dispositif mis en place par ses prédécesseurs pour tarifer les émissions de gaz à effet de serre.

Il y a pourtant une excellente raison d'engager la transition climatique dans ces pays : la lutte contre la « malédiction des matières premières » qui tend à enfermer ces économies dans des monoproductions, souvent confortables à court terme, mais affaiblissant dramatiquement les ressorts de croissance à moyen terme. Certains pays du Golfe l'ont bien compris en investissant une fraction croissante de la rente dans la diversification énergétique, le tourisme et même la conception de futures villes non émettrices de $CO_2$ comme celle en train de jaillir des sables à Masdar aux Émirats arabes unis.

## *Que doit-on attendre d'un accord climatique ?*

Contrairement à l'impression parfois donnée par la chorégraphie des conférences climatiques, la feuille de route des négociateurs n'est pas de lancer le top départ d'une action commune qui, partant de rien, remettrait par miracle le monde sur une trajectoire bas carbone. Quel que soit le nombre de chefs d'État réunis autour de la table, la COP de Paris en 2015 ne va pas sauver la planète. Il ne faut donc pas, comme on l'a fait avant la conférence de Copenhague en 2009, placer des attentes inconsidérées dans la COP-21 : elles seraient nécessairement déçues.

L'objet de la négociation engagée il y a vingt-cinq ans est de rechercher une coalition entre les gouvernements pour créer un cadre qui donne une impulsion nouvelle. La prise en considération de l'enjeu climatique implique de forcer des transitions énergétiques qui ont déjà commencé, mais que les pays abordent avec des contraintes disparates et des intérêts qui ne convergent pas spontanément. En l'absence d'un gouvernement international, les choix énergétiques s'opèrent dans une économie mondialisée, dominée par des marchés tout puissants où la valeur de la protection du climat ne compte guère. Un accord international ambitieux doit modifier ces règles du jeu pour remettre la valeur du climat au cœur du fonctionnement de l'économie afin de réorienter les flux d'investissement et de consommation. À mesure que cette valeur du climat sera intégrée dans l'économie, nous échapperons à la schizophrénie ambiante mentionnée au début du chapitre.

Il existe de multiples façons de coordonner les actions engagées face au dérèglement climatique dans le monde.

Certaines engagent des acteurs non gouvernementaux. Sous l'impulsion des ONG de développement, un nombre croissant de projets intègre désormais une dimension climatique pour renforcer les capacités d'adaptation face aux impacts négatifs du réchauffement et privilégier les solutions économisant les émissions de gaz à effet de serre. Le rôle des territoires dans la recherche de solutions innovantes est irremplaçable. C'est pourquoi les acteurs infranationaux se sont mobilisés, notamment les villes qui sont regroupées en plusieurs coalitions désormais présentes lors des conférences climatiques. La transition climatique n'a pas les mêmes implications d'une activité à l'autre. Un certain nombre de secteurs d'activité à fort impact climatique, notamment l'industrie cimentière, ont donc tenté de s'organiser pour proposer des accords volontaires de réduction d'émission.

D'autres formes de coordination impliquent les gouvernements. En matière de technologie, les deux premiers émetteurs de la planète, États-Unis et Chine, ont multiplié les échanges bilatéraux. Les techniques de captage, transport et stockage géologique du carbone, dont le déploiement permettrait d'utiliser des énergies fossiles en réduisant ou en éliminant les émissions associées de $CO_2$, sont ainsi au cœur de l'accord annoncé en grande pompe entre les présidents Jinping et Obama en novembre 2014 à Pékin. Le G20 regroupe les principales puissances du monde. Il compte pour près de 80 % des émissions mondiales de $CO_2$ d'origine énergétique. Nombreux sont ceux qui pensent que ce serait le lieu idéal pour construire un accord à partir des gros émetteurs. Au vu du nombre d'heures qu'il a fallu pour insérer un paragraphe sur le climat d'une platitude absolue dans le communiqué du G20 tenu à Brisbane fin 2014, cela risque de prendre pas mal de temps !

Toutes ces initiatives internationales sur le climat sont précieuses. C'est pourquoi elles feront l'objet de présentations, et sans doute de beaucoup de communication, pendant la conférence de Paris dans le cadre de ce qu'on appelle l'« agenda des solutions ». Il ne faudra surtout pas juger de la réussite ou de l'échec de la conférence à la hauteur de la pile. Un accord climatique ne consiste pas à agréger le plus grand nombre possible de propositions. Il vise à trouver un cadre nouveau, permettant de résoudre les deux questions de fond sur lesquelles achoppe la négociation depuis le démarrage : celle de la coordination internationale requise pour protéger le bien commun planétaire qu'est le climat, et celle de l'équité dans la répartition des efforts à consentir.

L'action face au risque climatique, à peu près tout le monde est d'accord pour y participer… à condition que son voisin en fasse autant. Lorsque le Sénat américain refuse de ratifier le protocole de Kyoto, son argument est que les Chinois et les Indiens n'ont pas les mêmes contraintes. La main sur le cœur, les industriels européens sont prêts à accepter une remontée du prix du carbone, mais uniquement si on fait de même chez les concurrents. Les pays émergents seraient d'accord pour s'engager, s'ils ne suspectaient pas les pays industrialisés de vouloir en profiter pour échapper à leur responsabilité... La stabilité du climat constitue un bien commun, dont la protection exige une action partagée. Or chaque acteur pris isolément a intérêt à jouer au « passager clandestin » en attendant le plus longtemps possible que les autres pays s'engagent dans l'action. Symétriquement, aucun pays n'a intérêt à s'engager unilatéralement tant qu'il n'a pas la conviction que d'autres suivront dans le cadre d'une coalition plus large. L'objectif central de la conférence de Paris est d'amorcer la construction d'un cadre commun qui incite l'ensemble des pays à tirer dans la même direction en déjouant les comportements de « passager clandestin ».

Ce premier objectif soulève immédiatement une question d'équité. Du fait des écarts entre niveaux de développement, les pays n'ont pas les mêmes moyens : comment équilibrer la contribution des États-Unis avec celle du Pakistan ou de l'Érythrée ? La transition climatique est, à court terme, plus pénalisante pour certains que pour d'autres : comment par exemple attirer dans l'accord les pays producteurs et exportateurs d'énergie fossile ? Les risques et dommages climatiques seront en moyenne supérieurs dans les pays pauvres alors que c'est l'accumulation des émissions dans les pays riches qui a majoritairement contribué au réchauffement. On voit le casse-tête que représente la définition de règles d'équité qui soient robustes dans le temps. C'est du reste très largement l'absence de consensus sur ces règles qui a contribué à l'embourbement de la négociation climatique dans le cadre onusien. Mais si on abandonne l'enceinte de l'ONU pour rechercher des accords plus étroits entre pays, on risque de mettre une croix sur la dimension de l'équité et donc de perdre à terme en efficacité.

Le contexte redeviendra-t-il plus favorable à Paris ? Depuis le démarrage de la négociation climatique, le monde n'est probablement pas devenu plus altruiste ou plus équitable. Il ne faut donc guère compter sur le volontarisme ou la généralisation des comportements responsables pour accélérer la transition climatique. La préoccupation écologique s'est en revanche diffusée dans la société, notamment dans les pays émergents. Nombre de dirigeants prennent conscience des bénéfices immédiats à tirer d'une baisse rapide des pollutions locales associées à l'usage des fossiles. Y compris les bénéfices électoraux ! C'est une carte nouvelle, intéressante à jouer pour les négociateurs. Simultanément, les techniques bas carbone ont progressé et offrent des alternatives plus crédibles à l'usage des fossiles. Autre carte à jouer. Enfin, les sciences du climat nous éclairent de façon plus précise sur les liens entre émissions de gaz à effet de serre, perturbations du climat et impacts sur le fonctionnement de nos sociétés. Une somme de connaissances qui devrait bien finir par venir à bout du climato-scepticisme larvé conduisant régulièrement nos décideurs à remettre le climat en bas de la pile des dossiers urgents à traiter.

CHAPITRE 2

# Déjouer le climato-scepticisme larvé

Le 24 décembre 1968, l'équipage d'Apollo 8 en orbite autour de la Lune prenait une photo de notre planète : « Le lever de Terre ». Une superbe sphère bleue donnant à chacun l'envie de voyager dans l'espace. Pour une poignée d'irréductibles regroupés dans la Flat Earth Society (Société de la Terre plate), il s'agit d'un faux utilisé dans le cadre d'une conspiration mondiale destinée à tromper l'opinion. Pythagore, l'un des premiers à avoir posé l'hypothèse de la circularité de la Terre, doit se retourner dans sa tombe. Comme Magellan qui en apporta la preuve empirique en organisant le premier tour du monde.

La thèse de la conspiration est régulièrement reprise par les « climato-sceptiques » militants, qui réfutent l'existence de tout lien entre accumulation des gaz à effet de serre dans l'atmosphère et réchauffement, quand ils ne contestent pas l'existence même des changements observés du climat. Représentée aux États-Unis par les blogueurs Stephen McIntyre et Anthony Watts, cette vision a été relayée en France par le géochimiste de renom Claude Allègre dans son ouvrage *L'Imposture climatique,* destiné au grand public[1].

Qualifié dans cet ouvrage de « système mafieux », le GIEC est la cible principale des militants du climato-scepticisme. Il serait une structure manipulatrice imposant un consensus scientifique de façade sur la responsabilité de l'homme dans les dérèglements climatiques. Et d'ajouter que les découvertes scientifiques ont souvent été le fait de savants isolés, luttant contre les consensus établis.

Dans notre grande majorité, nous n'avons pas la capacité d'entrer dans les modèles complexes simulant le fonctionnement du système climatique ou d'analyser la composition des carottes glacières tirées de l'Antarctique pour reconstituer le climat d'il y a 800 000 ans. Simples citoyens, nous ne sommes familiers ni de la physique de l'atmosphère ni de la chimie des océans. Impossible pour nous d'aller vérifier les calculs du GIEC, encore moins d'entrer dans les débats entre spécialistes qui alimentent la science du climat.

Sur quelles informations devons-nous alors nous baser pour prendre les décisions en connaissance de cause ? Par ses exagérations, parfois outrancières, le climato-scepticisme militant restera sans doute l'apanage de cercles étroits se complaisant dans le déni. Mais son influence est plus insidieuse qu'il n'y paraît. Il alimente le doute au sein de l'opinion et auprès des décideurs. Une sorte de climato-scepticisme larvé s'installe, qui relativise les risques des dérèglements climatiques. Du doute à l'inaction, il n'y a alors qu'un pas, bien tentant à franchir.

---

1. Claude Allègre, avec Claude de Montvallon, *L'Imposture climatique ou la fausse écologie*, Plon, 2010.

La bonne façon de traiter la question consiste à partir de la notion d'incertitude qui est au cœur des débats scientifiques. Ces débats sont indispensables pour faire progresser la connaissance des interactions complexes entre les comportements humains et les changements du climat. Il ne faut pas nier ces incertitudes, mais les intégrer dans le processus de prise de décision en sous-pesant soigneusement les différents volets du risque climatique. Incertitude ne rime en effet nullement avec doute ou inaction. Comme nous le verrons, la prise en compte de l'incertitude en matière de changements climatiques milite plutôt en faveur du lancement précoce de l'action.

## *Incontournable GIEC*

Dans le cas des pollutions locales, les populations exposées se mobilisent assez spontanément et exercent une pression sur la collectivité pour réduire les dommages qu'elles subissent. Ce sont alors souvent les ONG de défense de l'environnement qui jouent le rôle d'aiguillon en alertant les pouvoirs publics.

Dans le cas des pollutions globales comme la destruction de la couche d'ozone ou l'accumulation atmosphérique des gaz à effet de serre, ce sont les scientifiques qui ont alerté la collectivité. Leurs travaux ont permis de mettre en lumière des chaînes de causalité complexes entre des comportements humains parfois anodins et leurs conséquences pour la planète.

Le lancement de l'action internationale en faveur de la protection de la couche d'ozone en fournit une belle illustration. Sans l'intervention des scientifiques, qui aurait fait le lien entre la destruction de la couche d'ozone et l'utilisation de sa bombe aérosol, de son réfrigérateur, de sa climatisation… ? Le rôle destructeur des chlorofluorocarbones (CFC), molécules halogénées utilisées dans toutes ces applications, a été mis en relief par les travaux de chimistes en 1974. Leurs collègues astrophysiciens alertèrent en 1985 la communauté internationale sur les dimensions alarmantes prises par le « trou » dans la couche d'ozone et les risques sanitaires associés, en particulier la fréquence accrue des cancers de la peau. Les bases de connaissance étaient suffisamment solides pour que soit signé en 1987 le protocole de Montréal qui coordonne avec succès l'action internationale pour faire disparaître l'usage des CFC dans l'industrie mondiale.

Dès le démarrage des négociations climatiques, l'importance de la dimension scientifique est traduite au plan institutionnel par le rôle dévolu au GIEC. Le GIEC est constitué en 1988, à l'instigation des gouvernements. Comme son nom l'indique, il ne s'agit pas d'un centre de recherche supplémentaire, mais d'un réseau de scientifiques, placé sous la tutelle de deux organisations de l'ONU : l'Organisation météorologique mondiale et le Programme des Nations unies pour l'environnement. Sa mission : évaluer l'état de nos connaissances sur le climat et les communiquer à intervalles réguliers aux décideurs. Au démarrage, on peut craindre qu'il s'agisse d'une de ces innombrables commissions d'experts se réunissant sous l'égide des Nations unies qui sécrètent des rapports, lus, dans le meilleur des cas, par d'autres experts… Un quart de siècle plus tard, on peut critiquer le GIEC, voire tenter de le discréditer. Une chose est certaine : ses travaux ont un impact majeur sur la conduite des négociations.

Le GIEC produit son premier rapport d'évaluation en 1990. Celui-ci est construit suivant une structure tripartite qui sera maintenue dans les quatre rapports qui se succéderont.

Un premier groupe de travail évalue l'état des connaissances scientifiques sur les changements du climat. Un deuxième groupe fait le point des connaissances en matière d'impacts, de vulnérabilités et d'adaptations possibles. Un troisième groupe explore les stratégies de réponses envisageables pour mettre nos sociétés sur des trajectoires limitant les risques climatiques.

La production des rapports eux-mêmes est soumise aux règles scientifiques usuelles de « relecture par les pairs ». Compte tenu du nombre de thèmes et d'auteurs mobilisés, cela implique une organisation de plus en plus complexe qui n'exclut pas quelques failles. Des erreurs de chiffres tout à fait mineures ont par exemple été montées en épingle avant la conférence de Copenhague, dans le cadre de ce qu'on a appelé le « Climategate », par analogie avec le Watergate qui conduisit à la démission du président Nixon. Cela révèle l'importance prise par la publication des rapports du GIEC, et leur grande qualité, car le miracle est qu'il n'y ait pas davantage d'erreurs, vu l'épaisseur des rapports et le nombre des sources qu'il faut passer en revue.

Dans leur grande majorité, les décideurs politiques ne sont pas familiers des sciences du climat. Il y a peu de chance qu'ils se plongent dans la lecture des rapports eux-mêmes. Il est donc décidé dès le démarrage que chaque rapport d'évaluation du GIEC sera accompagné d'un « résumé pour décideur ». Comme le GIEC est une structure intergouvernementale, ce résumé devra faire l'objet d'une validation entre scientifiques et représentants des gouvernements. D'où le style incomparable de ces documents, sortes d'hybrides entre comptes rendus d'académies savantes et relevés de décisions de diplomates aux formules alambiquées.

Deux ans après la publication du premier rapport d'évaluation, le top départ des négociations climatiques officielles est donné avec la signature de la Convention climat lors du sommet de Rio de 1992. Il ne s'agit pas d'une coïncidence. Le texte de la Convention contient de nombreuses formulations qui s'inspirent directement du rapport publié en 1990 par le GIEC. Cette étroite interférence entre les travaux du GIEC et les grands moments de la négociation internationale ne s'est jamais démentie par la suite. La date de publication du cinquième rapport du GIEC ne doit ainsi rien au hasard. Elle a été calée à l'automne 2014, pour que les négociateurs du climat disposent de l'information la plus complète en provenance de la communauté scientifique lors de la conférence de Paris. Que nous dit ce rapport ?

## *Des faits d'observation*

Dans chaque rapport d'évaluation, le GIEC met à jour deux cadrans pour documenter les choix des décideurs. Le premier réunit les principales données concernant les variables de températures, de précipitations, de couverture neigeuse… permettant de détecter les changements du climat à long terme. Le second nous informe de l'évolution de la concentration de l'atmosphère en gaz à effet de serre en lien avec les émissions anthropiques.

### Les variables climatiques

Concernant les variables climatiques, le cinquième rapport confirme les observations antérieures. Entre 1900 et 2012, la hausse de la température moyenne à la surface du globe est désormais estimée à 0,9 °C. Cette hausse n'est pas uniforme :

elle est plus marquée sur les continents, là où vivent les hommes, qu'à la surface des océans qui sont de formidables régulateurs thermiques. Plus modéré vers les tropiques, le réchauffement s'amplifie dans les hautes latitudes. Du côté du cercle polaire, les hivers ont par exemple gagné jusqu'à 4 °C durant les cinquante dernières années. Si on s'en tient à l'objectif communément admis de limiter le réchauffement moyen à 2 °C relativement à l'ère préindustrielle, cela signifie que la marge restante dépasse à peine 1 °C. Pour certains climatologues, comme James Hansen qui dirige le Goddard Institute, il serait prudent de ramener l'objectif à 1,5 °C. Dans ce cas, la marge d'augmentation autorisée descendrait à un peu plus de 0,5 °C !

Un réchauffement moyen d'à peine 1 °C peut sembler dérisoire au regard des variations auxquelles nous sommes habitués entre le jour et la nuit, l'été et l'hiver, une matinée ensoleillée suivie d'un après-midi pluvieux. Jean Jouzel, par ailleurs vice-président du GIEC, et Anne Debroise nous rappellent dans leur ouvrage *Le Défi climatique* que seulement 5 °C nous séparent du dernier pic de glaciation, intervenu il y a 20 000 ans[2]. Les glaciers continentaux descendaient alors jusqu'à Lyon et on pouvait franchir à pied l'actuel détroit de la Manche, du fait du niveau bien plus bas des océans. Quelques degrés en plus ou en moins sur les températures moyennes, cela compte beaucoup à terme !

La tendance au réchauffement est loin d'être régulière. Elle s'est par exemple interrompue dans l'après-guerre avant de reprendre à partir de 1970. Elle est parfois difficile à détecter en raison de la variabilité naturelle des températures à court

2. Jean Jouzel et Anne Debroise, *Le Défi climatique. Objectif : 2 °C !*, Dunod, « Quai des sciences », 2014.

terme. Entre 2000 et 2012, les températures moyennes sont par exemple proches d'une oscillation autour d'une horizontale après trois décennies de hausse ininterrompue.

Le réchauffement moyen s'accompagne d'une fonte des glaces et de la couverture neigeuse. Si le continent Antarctique semble globalement épargné, le phénomène tend à s'accélérer au Groenland et sur la banquise Arctique. La fonte des glaces continentales contribue pour moitié à la remontée du niveau de la mer, l'autre facteur étant la dilatation thermique. Le GIEC estime à 20 centimètres la remontée moyenne des océans depuis le début du siècle dernier, avec un rythme qui s'est accéléré, pour dépasser 3 centimètres durant la dernière décennie. Par ailleurs, la présence accrue de $CO_2$ dans l'atmosphère s'accompagne d'un accroissement de l'acidité des océans.

Les données de pluviométrie et celles sur les événements extrêmes sont d'un maniement un peu plus délicat. Le réchauffement moyen s'accompagne souvent d'une diminution de la pluviométrie dans certaines zones arides comme le bassin méditerranéen et l'Asie centrale. Le stress hydrique y est alors accentué. Symétriquement, la pluviométrie s'accroît en Europe septentrionale et en Amérique du Nord. L'impact du réchauffement sur le régime des moussons et la fréquence et l'intensité des cyclones est plus incertain.

Concernant les autres événements extrêmes, le réchauffement moyen augmente la fréquence et l'intensité des épisodes caniculaires, comme celui vécu en Europe à l'été 2003, et amortit les pics de froid hivernaux. Il contribue à accroître la fréquence et l'intensité des crues en modifiant le régime des pluies dans certaines zones et en réduisant, à l'amont des bassins-versants, la couverture neigeuse qui régule naturellement les régimes des fleuves.

## Les flux et stocks de gaz à effet de serre

En contrepoint des variables climatiques, le GIEC tient une comptabilité des flux et stocks des gaz à effet de serre liés à l'activité humaine. L'effet de serre est un phénomène naturel permettant d'assurer une température moyenne à la surface du globe de l'ordre de 14/15 °C, et non de – 18 °C comme cela serait le cas si notre atmosphère était dépourvue de ces gaz. La comptabilité du GIEC vise à apprécier dans quelles proportions cet effet naturel est renforcé par l'activité humaine.

Le principal gaz à effet de serre présent dans l'atmosphère est la vapeur d'eau. Sa concentration varie en permanence mais n'est pas directement liée à l'activité humaine. La comptabilité du GIEC porte sur six autres gaz à effet de serre.

Depuis le début de l'ère industrielle, la concentration de l'atmosphère en $CO_2$ s'est accrue d'un peu plus de 40 %. De l'ordre de 280 parties par million (ppm) au seuil de la révolution industrielle, elle avoisine désormais 400 ppm. Le mouvement s'amplifie avec l'accélération des émissions analysée au chapitre 1 : une partie croissante de nos rejets atmosphériques de $CO_2$ ne peut plus être absorbée par les plantes, *via* la photosynthèse, et par l'océan qui s'acidifie. Ces rejets s'accumulent donc de plus en plus rapidement dans l'atmosphère en accroissant leur pouvoir de réchauffement.

Les deux autres principaux gaz à effet de serre que l'homme envoie dans l'atmosphère sont le méthane et le protoxyde d'azote. Les techniques agricoles en sont la source la plus importante avec la diffusion des engrais chimiques et le développement des productions animales. Depuis l'ère préindustrielle, leurs concentrations atmosphériques respectives se sont accrues de 160 et de 20 %.

Le GIEC tient également la comptabilité des trois familles de gaz fluorés utilisés dans diverses applications industrielles. Leur présence dans l'atmosphère contribue au réchauffement, mais dans de moindres proportions. Le plus important de ces gaz est le HFC dont les émissions viennent très largement en substitution du CFC qui a été interdit par le protocole de Montréal.

Pour pouvoir comparer le pouvoir de réchauffement des différents gaz à effet de serre, le GIEC a mis au point une métrique, la « tonne de $CO_2$ équivalent » ($tCO_2$ eq.), qui ramène tous ces gaz à leur pouvoir de réchauffement sur cent ans. Les conventions utilisées servent également de normes, internationalement reconnues, permettant d'établir des inventaires d'émission comparables d'un pays à l'autre. D'après cette métrique, les émissions mondiales de gaz à effet de serre ont atteint environ 50 milliards de $tCO_2$ eq. en 2012. Si on tient compte de l'ensemble des gaz à effet de serre, la concentration actuelle est voisine de 440 ppm, dont 400 pour le seul $CO_2$. Ces deux grandeurs sont en accélération depuis l'an 2000.

En résumé, on observe d'un côté un réchauffement moyen de 0,9 °C depuis le début du siècle dernier, qui s'est accéléré à partir de 1970 en s'accompagnant de modifications importantes d'autres variables climatiques. De l'autre, on assiste à une accumulation séculaire des rejets de gaz à effet de serre qui accroît leur concentration dans l'atmosphère et augmente leur pouvoir de réchauffement sur la planète. D'après les paléoclimatologues, l'accroissement observé de cette concentration est inédit depuis au moins 800 000 ans.

À moins de mettre en cause le réglage des instruments de mesure, ce que font parfois certains extrémistes de la cause climato-sceptique, on ne peut contester ces faits d'observation. Ils sont une donnée incontournable, que le GIEC rappelle aux décideurs à chaque rapport. Mais pour construire une politique ou un accord climatique, l'accumulation de ces données ne suffit pas. Il faut avoir une connaissance plus fouillée des liens entre l'accroissement de nos émissions de gaz à effet de serre et les réactions du système climatique. Comme le rappelle le climatologue américain Richard Lindzen, la simultanéité de faits d'observation ne signifie pas nécessairement qu'il y ait un lien de causalité entre eux[3].

## *Les réactions du système climatique*

On passe ici de l'observation à la simulation. Le premier à avoir fait l'exercice est Svante Arrhenius, un chimiste suédois à qui fut attribué le troisième prix Nobel de la discipline en 1903. Dès 1896, Arrhenius tente de calculer quel serait l'impact d'un doublement de la concentration de $CO_2$ dans l'atmosphère. En utilisant les moyens de l'époque il tombe sur une fourchette de 4 à 6 °C, un résultat pas si éloigné de ceux des modèles de calcul sophistiqués, aujourd'hui utilisés pour simuler le fonctionnement du système climatique.

Toutes choses égales par ailleurs, un doublement de la concentration de $CO_2$ dans l'atmosphère engendrerait mécaniquement un réchauffement moyen de l'ordre de 1,2 °C. Mais

3. *Wall Street Journal*, 11 juin 2001.

la sensibilité du climat à un tel doublement va dépendre des rétroactions positives ou négatives que tentent de simuler les modèles climatiques.

Il y a d'abord des rétroactions négatives, qui amortissent le choc initial et tendent à ramener le système vers l'équilibre. L'une des plus connues concerne la végétation. Un supplément de $CO_2$ dans l'atmosphère stimule l'activité photosynthétique des plantes qui poussent plus rapidement et stockent plus de carbone dès lors retiré de l'atmosphère. S'il n'y avait que des rétroactions négatives, la sensibilité du climat à un doublement du $CO_2$ atmosphérique serait inférieure à 1,2 °C.

À l'opposé, les rétroactions positives amplifient le choc initial. La fonte de la banquise modifie par exemple l'albédo : la capacité de réfraction du sol. La mer est une surface sombre qui emmagasine bien plus d'énergie que la surface immaculée de la glace. Le réchauffement est amplifié par la fonte de cette dernière, car l'énergie initialement renvoyée dans l'espace par la surface de la glace est désormais captée par les océans et réchauffe la Terre. S'il n'y avait que des rétroactions positives, la sensibilité du climat serait supérieure à 1,2 °C.

Les modèles de calcul répertoriés par le GIEC indiquent tous que les rétroactions positives l'emportent sur les rétroactions négatives. Mais ils ne convergent pas vers une valeur unique en raison des incertitudes. L'une des plus importantes concerne la vapeur d'eau. Une élévation moyenne de la température accentue l'évaporation au sol qui rejette plus de vapeur d'eau dans l'atmosphère. Or, comme nous l'avons indiqué, la vapeur d'eau est le gaz qui exerce le pouvoir de réchauffement le plus important. Tous les modèles climatiques prennent bien cette rétroaction en compte, mais ils rencontrent une difficulté supplémentaire : en se condensant, l'eau peut se transformer en nuages qui réfléchissent une partie des rayons solaires avant qu'ils n'atteignent le sol. Le réchauffement s'en trouve alors freiné. Une nouvelle rétroaction négative vient d'apparaître. Comme le rappelle le climatologue Hervé Le Treut dans *Nouveau climat sur la terre*, la formation des nuages est un véritable casse-tête pour les modélisateurs du climat[4]. Elle constitue sans doute la variable qui explique les écarts les plus importants entre les différents modèles de simulation. C'est aussi celle qui génère les discussions les plus vives entre climatologues.

Comme ses prédécesseurs, le cinquième rapport du GIEC se livre à un délicat exercice de revue des simulations effectuées avec les modèles existants pour en tirer une synthèse utilisable par les décideurs. Pour les négociateurs à la conférence de Paris, cette synthèse tient en trois points principaux.

Le cinquième rapport attribue en premier lieu sans équivoque la plus grande partie du réchauffement observé à l'activité humaine. Précisément, cela signifie que d'autres facteurs ont joué, dans un sens ou dans l'autre. Mais il est impossible d'expliquer le réchauffement observé sans tenir compte de nos émissions.

Cette liaison observée dans le passé entre rejets de gaz à effet de serre et réchauffement moyen va continuer à agir dans le futur. Dans quelle proportion ?

Compte tenu de l'inertie du système, le réchauffement des vingt prochaines années est pratiquement indépendant des trajectoires d'émission qui seront suivies entre 2015 et 2035. Il est conditionné par le stock de gaz à effet de serre préalablement accumulé qui pourrait conduire à un réchauffement

4. Hervé Le Treut, *Nouveau climat sur la terre. Comprendre, prédire, réagir*, Flammarion, 2009.

supplémentaire de l'ordre de 0,5 °C entre ces deux années[5]. S'il n'y a par ailleurs pas d'anomalies majeures, du type irruptions volcaniques ou autres perturbations, cela signifie que le réchauffement relativement à l'ère préindustrielle risque d'approcher 1,5 °C en 2035.

Cette observation est en phase avec le calcul du budget carbone global que le GIEC a tenté d'établir par ailleurs. Rappelons qu'il s'agit des émissions cumulées de $CO_2$ depuis le début de l'ère industrielle que le monde ne doit pas dépasser pour limiter les risques d'un réchauffement supérieur à 2 °C. Ce budget a déjà été consommé aux deux tiers comme on l'a vu au chapitre 1. En supposant que les émissions de $CO_2$ se stabilisent au niveau atteint en 2015, on consomme la totalité du budget résiduel en un peu moins d'un quart de siècle. Cela veut dire qu'on entre à partir de 2040 dans une période où chaque supplément d'émissions accroît le risque de dépasser les 2 °C dans la seconde moitié de ce siècle.

Les deux observations indiquent que le temps est compté. L'objectif du 2 °C serait-il déjà hors de portée ? Le rôle du GIEC n'est pas de répondre à cette question par oui ou par non. Il est de tenter de la documenter du mieux possible, à partir des connaissances scientifiques existantes.

Pour éclairer les choix possibles, le GIEC a construit quatre scénarios de référence, évaluant les concentrations de gaz à effet de serre de 1850 à 2010, puis simulant les trajectoires futures jusqu'en 2100, avec prolongation jusqu'en 2300. Rompant avec les pratiques antérieures, ces scénarios sont construits sur des hypothèses climatiques, à charge pour les économistes de

5. Estimation approximative des auteurs, à partir des données du premier groupe de travail du GIEC qui compare la moyenne 2016-2035 à la moyenne 1986-2005.

voir à quelles conditions on peut les atteindre en agissant sur les différentes sources d'émission.

Regardons en premier lieu le scénario le plus émetteur. Il semble avoir été construit pour faire peur ! Les émissions y progressent tout au long du XXIe siècle pour rejoindre un plateau sur lequel elles plafonnent pendant environ cent ans. Le choc pour le système climatique est violent. Dans ce cas de figure, les modèles nous indiquent que les 2 °C sont franchis vers le milieu du siècle et que les 4 °C ont toutes les chances d'être dépassés en 2100. Et après ? L'inertie du système jouant à plein, la température continue d'augmenter avec de multiples conséquences sur le système climatique.

Deux scénarios intermédiaires sont construits sur une hypothèse de pics d'émission atteints avant la fin du siècle, suivis de reculs relativement rapides. Dans ces scénarios, le plus probable est que la hausse de la température moyenne se situe entre 2 et 4 °C à la fin du siècle. D'après le GIEC, le scénario dit « contrefactuel » où nous conduirait la poursuite des politiques déjà en place nous met sur une trajectoire d'émission un peu supérieure à celle du scénario intermédiaire haut. Autrement dit, une trajectoire éloignée de la cible du 2 °C.

Le scénario sobre en carbone est calculé pour que l'augmentation de température demeure inférieure à 2 °C, avant comme après 2100. Il correspond à l'objectif ultime visé par la Convention climat. Pour l'atteindre, les calculs du GIEC révèlent que la marche d'escalier est haute. Les émissions de gaz à effet de serre doivent rejoindre leur pic dès 2025, pour refluer d'ici à 2050 dans une fourchette de 40 à 70 % relativement à 2010. À la fin du siècle, elles doivent être nulles ou négatives suivant les cas. Le troisième groupe de travail du GIEC taille dans la dentelle en dessinant de multiples sous-trajectoires compatibles avec ce scénario, dans le but évident de montrer qu'il est encore possible d'atteindre la cible de 2 °C. Tant que ces trajectoires ne sont pas déclinées par ensembles géographiques, l'exercice reste plutôt théorique.

À partir des deux seuils de 2 et 4 °C qui permettent de différencier les scénarios climatiques, on peut construire une échelle des risques en utilisant les travaux du GIEC sur les impacts et vulnérabilités.

## *Une échelle du risque climatique*

Les modifications du climat génèrent de multiples impacts, par construction très différents d'un point à l'autre de la planète. Ces impacts peuvent être positifs ou négatifs. Les écosystèmes ont des capacités d'adaptation très variables. Les récifs coralliens, l'un des milieux marins les plus riches en espèces vivantes, s'adaptent par exemple très mal au moindre relèvement de température. Certains sont déjà affectés de façon irréversible par le réchauffement observé de 0,9 °C. Les autres espèces vivantes ont plus de capacités d'adaptation et peuvent souvent migrer pour coloniser des milieux plus favorables. Mais là encore, il y a des limites à ne pas dépasser : l'ours polaire résistera difficilement à la disparition de la banquise !

Parmi ces espèces, l'homme dispose de capacités d'adaptation particulières, notamment grâce à ses connaissances qui lui permettent d'anticiper. Le cinquième rapport du GIEC multiplie les recommandations en faveur de stratégies d'adaptation susceptibles d'amortir les dommages du réchauffement climatique. Mais au-delà de certaines limites, la seule adaptation possible pour l'homme devient la migration, comme pour les autres espèces. Les dommages du réchauffement s'élèvent alors en flèche. Comment établir une hiérarchie du risque climatique associé aux trois familles de scénarios du GIEC ?

Dans les scénarios cibles de moins de 2 °C, le solde des impacts positifs et négatifs n'est pas facile à établir. Avec plus de canicules et l'élargissement possible des zones touchées par les agents pathogènes, de nouveaux problèmes sanitaires surgissent ; simultanément le réchauffement limite les atteintes à la santé provoquées par le froid. Le stress hydrique s'accroît dans certaines zones, mais sans doute pas suffisamment pour déclencher des migrations de grande ampleur. La montée des océans n'a aucune chance d'être stoppée. Le plus probable est qu'elle reste limitée à 40 centimètres d'ici la fin du siècle. Pour les 100 000 habitants de l'archipel du Kiribati, situé à fleur d'eau dans le Pacifique, la migration est peut-être une option à envisager. Dans la grande majorité des cas, cela laisse le temps d'une adaptation progressive si toutefois les zones les plus vulnérables disposent des ressources nécessaires.

Le cas de l'agriculture est révélateur. Dans les systèmes d'agriculture tempérée, les impacts devraient être positifs. L'aire dévolue à la culture pourra s'élargir vers le nord. Et les rendements ? Ils ont été étudiés en détail pour l'agriculture américaine par l'économiste Mendelsohn[6]. Ses premiers travaux supposaient un réchauffement s'appliquant à des systèmes de production inchangés. Les rendements baissaient alors pour de faibles hausses du thermomètre. Quiconque a mis le pied dans une ferme sait bien que les agriculteurs sont prompts

6. Robert Mendelsohn, « The role of markets and governments in helping society adapt to a changing climate », *Climatic Change*, septembre 2006, volume 78, numéro 1, p. 203-215.

à réagir aux modifications du climat. En tenant compte des adaptations des fermiers, Mendelsohn corrigea ses premiers résultats en concluant à un impact positif du réchauffement sur les rendements, jusqu'à un seuil de 2 à 3 °C. Valables pour les États-Unis, ces résultats ne s'appliquent pas aux zones arides et tropicales. Dans ces régions, les rendements céréaliers commencent à baisser pour des hausses du thermomètre bien plus faibles et sont très sensibles à ses fluctuations : sitôt que le réchauffement moyen accroît la variabilité du climat, il éprouve un peu plus notre capacité d'adaptation. Globalement, tant que le réchauffement reste inférieur à 2 °C, les effets positifs sur l'agriculture l'emportent sur les effets négatifs. Il y a des gagnants : les pays riches (à l'exception de l'Australie), et des perdants : les pays pauvres situés dans les zones arides.

Dans les scénarios intermédiaires du GIEC, la température moyenne atteint entre 2 et 4 °C durant la seconde moitié du siècle. La balance entre impacts positifs et négatifs penche alors fortement vers les seconds. Au plan sanitaire, les dégâts causés par le froid continuent de reculer. Simultanément, les épisodes caniculaires se durcissent et les agents pathogènes risquent de proliférer suite au réchauffement. La capacité de l'agriculture à maintenir ses approvisionnements s'amoindrit à mesure qu'on s'approche de 4 °C : les bénéfices tirés du réchauffement s'amenuisent dans les pays riches. Pis, ils se transforment en contraintes. L'accroissement du stress hydrique dans les zones arides réduit les ressources de populations déjà très pauvres. Au dommage causé par les pertes de production agricole risquent de s'ajouter ceux provoqués par une accélération de l'exode rural. Les masses de population concernées sont considérables : de l'ordre du milliard de personnes, principalement situées en Afrique subsaharienne et en Asie centrale.

Dans les scénarios intermédiaires, les risques provenant de l'amplification des événements extrêmes augmentent, avec toutes les incertitudes déjà évoquées. La remontée du niveau de la mer devrait se situer entre 50 et 80 centimètres à la fin du siècle ce qui accentuera la pression sur nombre de zones côtières. Parmi les zones les plus vulnérables figurent les deltas où s'agglutinent plusieurs centaines de millions de personnes, notamment en Asie. Coincées entre des fleuves aux débits de plus en plus irréguliers et soumises à des risques croissants d'inondation et de salinisation des sols, ces populations parmi les plus pauvres du monde risquent d'être contraintes de s'adapter en migrant.

Certains actifs immobilisés le long des côtes, sur le permafrost ou aux abords des rivières risquent d'être menacés. Il faudra, soit investir pour les protéger, soit les déplacer ou les abandonner. Dans tous les cas, les impacts climatiques génèrent des coûts d'autant plus élevés qu'on se situe dans des pays riches où les infrastructures abondent. Prenons New York, l'une des plus fortes concentrations de richesse au mètre carré. Dans le film *Le Jour d'après* qui scénarise le changement climatique, Manhattan est paralysé par la brusque montée des eaux, un cargo s'échouant même en centre-ville. Un scénario à la Hollywood avec tous ses excès bien sûr, mais qui comporte une parcelle de vérité : dans son organisation actuelle, la ville supporterait difficilement une remontée des eaux de 80 centimètres.

Dans le scénario à forte émission, plus personne ne s'interroge sur le sens vers lequel penche la balance. Les impacts positifs du réchauffement, s'il en reste, deviennent anecdotiques. Les effets négatifs se renforcent les uns les autres. Le système climatique semble emporté dans une spirale infernale qui va épuiser les capacités d'adaptation humaines. La montée des océans atteindrait de l'ordre de 1 mètre à la fin du siècle d'après le GIEC. Certains glaciologues imaginent le double. Une chose est sûre : dans ce scénario, le mouvement n'est pas prêt de s'arrêter car le réchauffement ne peut que s'accélérer le siècle suivant. La fonte des glaces du Groenland paraît dès lors inexorable à terme : 7 mètres supplémentaires de hausse des océans. Ce qui peut se passer sur le continent antarctique devient alors une grande inconnue : s'il fondait, on passerait de 7 à 70 mètres ! Dans le scénario le plus émetteur du GIEC, les risques de rupture se multiplient : le puits de carbone amazonien pourrait disparaître, le Gulf Stream s'inverser, les hydrates de méthane piégés au fond des océans ou dans le permafrost être relâchés dans l'atmosphère…

Des enchaînements qui ne peuvent s'enclencher qu'à très long terme ce qui laisse du temps pour s'y préparer ? Tous les scientifiques, à commencer par ceux du GIEC, sont unanimes pour mettre à pratiquement zéro leur probabilité d'apparition d'ici la fin du siècle. Les incertitudes sont pourtant énormes. On ne connaît pas de précédent à une telle situation. Et les paléoclimatologues découvrent que des changements climatiques bien plus brutaux qu'on ne l'imaginait jusqu'à présent se sont sans doute produits dans le passé.

Comme le souligne John Houghton qui fut le premier président du groupe de travail du GIEC sur les sciences du climat, auteur d'un des ouvrages les plus complets sur la question, l'échelle du risque climatique n'est pas linéaire[7]. Elle ne suit pas la hausse attendue des températures moyennes. Il y a des seuils, à partir desquels les perturbations engendrées

7. John Houghton, *Global Warming, the Complete Briefing*, Cambridge University Press, 4e édition, 2009.

par les déséquilibres du système deviennent très difficiles à contrôler. Pour compliquer la situation, on ne connaît pas bien ces seuils. Cela rappelle un autre risque systémique, bien connu des économistes : celui de la bulle financière. Lors de la constitution d'une bulle, on n'accumule pas un stock de $CO_2$, mais un stock de dettes. Avant que la crise n'éclate, des alertes sont données sur l'excès d'endettement et le risque qu'il fait peser à l'ensemble du système financier. Comme personne ne connaît le niveau du stock de dette correspondant au point de rupture, les premières alertes ne sont pas suivies d'effet. Il est alors tentant de relativiser le risque. D'en nier l'existence. Lorsque le point de rupture est atteint, il est trop tard. Le système financier s'écroule comme un château de cartes.

Ainsi présentée, l'incertitude des scientifiques ne pousse pas à relativiser les risques. Le GIEC peut en effet surestimer le risque, mais aussi le sous-estimer. C'est ce qu'affirme avec conviction Houghton dans son ouvrage, en invoquant le principe de précaution. Pour échapper au risque systémique, il convient de viser les 2 °C. Si nous sommes sur des trajectoires incompatibles, ce qui est le cas, l'intérêt bien compris de la collectivité est de redescendre rapidement vers une trajectoire bas carbone.

Cette règle de décision semble imparable à qui fait confiance au GIEC. Mais il subsiste un doute dans une partie de l'opinion. Le climato-scepticisme rampant n'a pas totalement été éradiqué. Peut-être en trouve-t-on même quelques germes au fond de notre cerveau : est-on vraiment sûr à cent pour cent de ce que nous racontent les climatologues ? Et si, malgré tout, Allègre avait raison ?

## *Et si Allègre avait raison ?*

Question politiquement incorrecte et même taboue dans certains milieux. Il convient de la poser explicitement car le climato-scepticisme rampant est un obstacle à l'action. Or, si on la pose correctement, elle conduit à des règles de décision qui n'aboutissent pas nécessairement aux résultats attendus.

Supposons que nous soyons agnostiques en matière de changement climatique. À droite, nous avons le GIEC, personnifié en France par Jean Jouzel, son vice-président. À gauche, les climato-sceptiques que nous regroupons sous la bannière de Claude Allègre. Si nous faisons des comptages, Jouzel peut se prévaloir du soutien d'un très grand nombre d'institutions académiques et de la grande majorité des scientifiques de sa discipline. Mais qui cherchons-nous à convaincre ? Supposons donc que chacun de nos deux représentants ait 50 % de chance d'avoir raison et 50 % de chance d'avoir tort. Ignorant tout des sciences du climat, nous ne disposons d'aucun critère scientifique pour les départager. Comment dès lors nous positionner face au risque climatique ?

Si nous faisons confiance à Allègre et que Jouzel a raison, le coût de l'erreur de jugement est connu : c'est très exactement celui décrit au paragraphe précédent. En suivant Allègre, la bonne stratégie est de rester sur des scénarios contrefactuels où l'on accepte la prise de risque d'une accumulation non contrôlée de gaz à effet de serre. Le coût de cette erreur est difficile à anticiper, mais il peut être très élevé dans le cas où Jouzel a raison : en refusant de l'écouter, nous avons pris collectivement un risque systémique.

Situons-nous maintenant dans l'autre hypothèse : nous faisons confiance à Jouzel, mais c'est Allègre qui a raison. Nous choisissons dès lors d'assumer une contrainte supplémentaire à court terme, pour déplacer le plus rapidement possible notre trajectoire d'émission. Les coûts à mobiliser pour effectuer ce déplacement nous sont pour l'instant inconnus, mais d'après les économistes du climat ils ne dépassent pas quelques points de PIB. On peut afficher un certain scepticisme face aux évaluations des économistes. En revanche, nous ne pouvons ignorer que le stock d'énergies fossiles est limité et que nous nous engageons par ailleurs dans une grande transition énergétique. Si Allègre a raison, il est inutile de forcer cette transition au nom de la prise en compte du risque climatique. Le coût de cette erreur ? En refusant de l'écouter, nous ne faisons qu'accélérer un peu une transition énergétique qu'il nous faudra de toute façon opérer à l'avenir. Ce coût est transitoire et n'a aucune commune mesure pour la collectivité avec celui du risque systémique que nous étions prêts à prendre précédemment.

Une conclusion s'impose : dans le doute, la bonne règle de décision est celle qui minimise le coût de l'erreur. Elle conduit à suivre les recommandations du GIEC, même si nous estimons qu'il a une chance sur deux de se tromper. Cette règle s'applique également aux négociateurs pour qui le cinquième rapport du GIEC constitue une base de connaissance incontournable.

CHAPITRE 3

# Revenir aux principes fondamentaux

Le site des Nations unies sur lequel sont téléchargés les textes fondateurs de la négociation climatique, comme la Convention climat (1992), le protocole de Kyoto (1997) ou l'accord politique de Copenhague (2009), tient une comptabilité de tous les supports écrits produits dans ce cadre : comptes rendus, avis, décisions, traités internationaux... Au total, plus de 7 700 documents étaient recensés début 2015. Un par jour en moyenne ! Avec le temps, le rythme s'accélère. À chaque étape de la négociation, les 196 parties autour de la table achoppent sur de nouvelles questions. Avec les règles du consensus en vigueur, elles sont difficiles à trancher. Pour éviter de rester sur des impasses, on crée de nouveaux groupes de travail. Des calendriers de discussion sont établis... Au fil des ans, la machine onusienne est devenue une fourmilière aux multiples ramifications, dont le fonctionnement échappe aux non-initiés. Pour être franc, les experts finissent eux-mêmes par s'y perdre. Y aurait-il quelque part un pilote ? Bienvenu dans le monde de la négociation climatique.

La coordination internationale face au risque climatique ne part pas de rien. Vingt-cinq ans nous séparent de la publication du premier rapport d'évaluation du GIEC. Au démarrage, le cheminement a présenté des similitudes avec celui de la négociation pour la protection de la couche d'ozone qui a permis à la communauté internationale de se coordonner pour une action efficace. Le processus semble se compliquer par la suite pour franchement se gripper au cours des dernières années. Le lecteur attentif des communiqués parus à la sortie des dernières conférences climatiques est frappé par une étrange constatation. D'un sommet à l'autre, l'agenda s'enrichit de nouvelles questions : l'adaptation au changement climatique, la gouvernance du Fonds vert, les transferts de technologie, la compensation pour les pertes et dommages… Mais à mesure que l'agenda se charge, la négociation fait du surplace sur ce qui constitue le cœur du sujet : la réduction des émissions de gaz à effet de serre.

Ce qu'il faut attendre de Paris-climat 2015, c'est le lancement d'une dynamique nouvelle qui permette de construire entre 2015 et 2020 un accord qui change véritablement la donne en matière d'émissions de gaz à effet serre. Pour y parvenir, il faut mettre un terme à l'inflation des sujets traités et revenir aux principes de base énoncés par la Convention de 1992. Ces principes conservent toute leur pertinence, mais leur application doit tenir compte des transformations profondes du contexte économique et technique intervenu en vingt-cinq ans. Ces transformations créent de multiples opportunités pour accélérer la transition climatique. Aux négociateurs du climat de savoir les saisir s'ils veulent demain continuer à servir à quelque chose.

## *Le précédent de la couche d'ozone*

Le problème de la destruction de la couche d'ozone par les gaz CFC présente des similarités avec le dérèglement du climat provoqué par l'accumulation des gaz à effet de serre. Dans les deux cas, c'est un système de régulation global qui est menacé par l'altération de l'atmosphère. Il s'agit de protéger un « bien commun » planétaire, disent les économistes, en référence à l'article fameux de Garrett Hardin : « The tragedy of the Commons[1] ».

Hardin décrit les mécanismes de prédation des ressources naturelles en prenant appui sur l'exemple des prés communaux qui entouraient les villages au Moyen Âge. Laissé en libre accès aux villageois pour faire paître les animaux, le pré leur assurait une sorte de sécurité sociale minimale. En régime stationnaire, un tel système peut fonctionner. Avec la croissance, il a tendance à s'autodétruire. Du fait de la gratuité de l'accès au pré communal, aucun éleveur ne tient compte du coût de la ressource prélevée sur la collectivité. Le surpâturage risque de ramener à zéro la fertilité du pré, en provoquant la destruction du bien collectif.

Remplaçons le mot « village » par le mot « planète » et le mot « pré communal » par le mot « atmosphère ». Nous avons une bonne illustration du problème posé par la protection de ces biens communs planétaires. Pas plus que le pré communal, l'atmosphère n'est infinie. Le GIEC nous l'a rappelé

1. Garrett Hardin, « The tragedy of the Commons », *Science*, décembre 1968, volume 162, numéro 3859, p. 1243-1248.

au chapitre précédent : son usage sans restriction conduit à prendre un risque inconsidéré sous l'angle climatique. Il nous mène à la destruction du bien commun. Il faut donc trouver les bons moyens de restreindre son usage pour ne pas prendre ce risque.

Dans le cas de la couche d'ozone, un traité signé en 1987 dans le cadre des Nations unies, le protocole de Montréal, a permis de restreindre l'usage des substances rejetées par les hommes, à l'origine du fameux « trou » apparu dans la couche d'ozone troposphérique qui nous protège des rayons ultra-violets provenant du soleil. Un peu plus de dix ans séparent les premières alertes des scientifiques de la signature du protocole de Montréal qui a organisé le retrait des gaz CFC utilisés dans l'industrie mondiale, tout en surveillant l'utilisation de leurs substituts par des amendements successifs. Ce retrait a été plus rapide dans les pays développés, pour se généraliser dans les pays émergents à partir de la fin des années 1990.

Aujourd'hui, le système de suivi mis en place dans le cadre Nations unies détecte parfois quelques flux frauduleux. Ils portent sur des quantités marginales. Le protocole est parvenu à faire disparaître l'usage des gaz détruisant la couche d'ozone. Le trou dans la couche d'ozone a-t-il pour autant disparu ? Du fait de la grande stabilité des gaz CFC dans l'atmosphère (c'est aussi le cas des gaz à effet de serre hors vapeur d'eau), il faudra au minimum cinquante ans après les dernières émissions pour que le trou se comble. Cela montre au passage combien il importe d'agir de façon précoce dans ce type de situation.

À la source de la réussite du protocole de Montréal on trouve trois ingrédients qui constituent les trois piliers de tout accord international destiné à faire face à une menace environnementale globale.

*A.* L'accord de Montréal a dès le démarrage reposé sur une contrainte portant sur l'ensemble des émetteurs. Le protocole établit un calendrier différent suivant les pays, en étant plus contraignant pour les pays les plus industrialisés. Mais l'engagement initial concerne bien tous les pays. Personne ne passera à travers les mailles du filet !

*B.* Un système de comptabilisation et de suivi des émissions de l'ensemble des gaz à l'origine de la destruction de l'ozone est constitué. Indépendant des gouvernements, il est placé sous l'autorité des Nations unies.

*C.* Un instrument économique *ad hoc* est mis en place pour envoyer les bonnes incitations aux pays qui pourraient rechigner à entrer dans la démarche coopérative. Il prend la forme d'un fonds, alimenté par les pays riches, destiné à faciliter les reconversions des unités industrielles situées dans les pays en développement.

Ces trois ingrédients devront charpenter tout futur accord climatique ambitieux. Il est bon de les conserver en tête. Cela dit, les recettes fonctionnant pour l'ozone ne peuvent s'appliquer directement aux gaz à effet de serre pour au moins deux raisons.

En premier lieu, l'appréhension du risque par l'opinion n'est pas la même. L'un des impacts les plus directs du trou dans la couche d'ozone est d'augmenter les cancers. Une menace sanitaire précise, qui frappe l'opinion par son caractère très concret : chacun a déjà perdu dans son entourage un proche emporté par la maladie. Le risque climatique est lui bien plus diffus.

En second lieu, les sources d'émission et les enjeux économiques en résultant ne sont pas comparables. Seul un nombre limité de sources dans le monde rejetaient des gaz CFC dont une quantité infime suffit à altérer l'ozone présent dans la stratosphère. Les industriels produisant ces substances, à commencer par le plus important d'entre eux, la société américaine Dupont de Nemours, ont commencé par mettre en doute les premiers travaux des scientifiques rattachant l'altération de la couche d'ozone à l'usage des gaz CFC. Derrière ce déni de façade, les entreprises chimiques ont mobilisé des moyens pour mettre au point des substituts. Une fois ces substituts trouvés, elles sont devenues de ferventes adeptes de l'accord dont l'application a renforcé leur pouvoir de marché.

Le cas du changement climatique est bien différent : les gaz à effet de serre proviennent de milliards de sources distinctes dans tous les secteurs de l'économie mondiale. Leurs émissions perturbent le cycle naturel qui régule les flux de carbone entre l'océan, la biosphère et l'atmosphère. Un système bien plus compliqué que celui de la filtration des ultraviolets dans la troposphère.

Les premières étapes de la négociation climatique présentent beaucoup de similitudes avec celles concernant la protection de la couche d'ozone. La suite de l'histoire a montré que l'organisation de l'action collective pour restreindre l'usage des gaz à effet de serre se heurtait à des difficultés que n'a pas rencontrées le protocole de Montréal lors de sa mise en œuvre.

## *Le cadre de la négociation climatique*

Près d'un siècle sépare les travaux de Svante Arrhenius sur l'effet de serre de la première conférence internationale sur le climat qui se tient à Genève en 1979. Arrhenius qui vivait à

Stockholm s'était plutôt réjoui de sa découverte et son alerte sur la possibilité d'un réchauffement global est restée confidentielle. Dans les années 1970, les relevés opérés par l'Organisation météorologique internationale intriguent. À Genève est lancé un programme de recherche scientifique international, destiné à approfondir la question. Ce programme débouche en 1988 sur la création du GIEC.

Les premières étapes de la négociation internationale s'enchaînent ensuite, comme sur des chapeaux de roues : premier rapport d'évaluation du GIEC en 1990 ; Convention-cadre des Nations unies sur les changements climatiques (CCNUCC) que nous appelons Convention climat pour simplifier, en 1992 ; protocole de Kyoto en 1997. Le rythme est aussi rapide que pour la mise en route de l'accord sur la protection de la couche d'ozone qui sert du reste de référence explicite aux pionniers de la négociation climatique. C'est ensuite que les choses semblent sérieusement se compliquer dans le cas de l'accord climatique.

Signée en 1992 par plus de 120 pays au sommet mondial de la Terre de Rio, la Convention est entrée en vigueur en mars 1994. Elle a été ratifiée depuis par 196 parties, soit la quasi-totalité des pays du monde. La Convention climat pose les fondements de la coopération internationale face au changement climatique. Elle établit d'abord un cadre institutionnel avec une gouvernance bien particulière.

Son organe suprême est la Conférence de parties (COP) qui réunit les représentants de tous les États ayant ratifié la Convention. Ses procédures donnent à tous les pays, petits ou grands, une voix équivalente, conformément aux principes des Nations unies. Ses décisions se prennent suivant la règle du consensus. Avec 196 parties, on imagine la complexité du processus et les risques induits de blocage ou d'immobilisme. Statutairement, la COP doit se réunir une fois par an, ce qu'elle fait habituellement la première quinzaine de décembre. La première COP s'est tenue à Berlin, en décembre 1995. Celle programmée à Paris en décembre 2015 est donc la vingt et unième du même nom.

La COP est dotée d'un secrétariat opérationnel basé en Allemagne, à Bonn. Il compte un effectif permanent d'environ cinq cents personnes, la plupart hautement qualifiées. Depuis 2011, il est dirigé par Christiana Figueres, une diplomate costaricaine.

Ce secrétariat met en application les décisions qui sont prises. Il assure également la collecte et le contrôle des informations que chaque partie à la Convention climat s'est engagée à fournir. Ce travail n'est pas de pure forme. L'administration française l'a appris à ses dépens en 2010, lorsqu'elle a dû revoir sa copie : l'inventaire national des émissions de gaz à effet de serre ne répondait pas totalement aux règles de calcul communes. Ce travail technique est conduit en lien avec un organe subsidiaire chargé d'informer la COP sur les questions scientifiques, technologiques et méthodologiques. Cet organe mandate régulièrement le GIEC, notamment pour harmoniser les règles de comptabilisation et de *reporting* des émissions de gaz à effet de serre. Ce volet généralement méconnu est d'une très grande importance : la crédibilité de tout accord climatique repose sur un système fiable et indépendant de mesure et vérification des émissions.

Le secrétariat a aussi eu la charge de superviser le fonctionnement des instruments économiques introduits par le protocole de Kyoto, ce qui n'a pas été sans lui causer quelques soucis.

La Convention climat ne fournit pas seulement un cadre de discussion multilatérale entre pays et une structure administrative de suivi. Elle avance trois principes qui doivent fonder la coopération internationale face au risque climatique.

## *Les trois principes de base de la Convention climat*

Le premier principe de la Convention climat est la reconnaissance par le droit international de l'existence du réchauffement climatique et de son lien avec les émissions anthropiques de gaz à effet de serre. En ratifiant la Convention, un État reconnaît ces deux volets. On peut néanmoins s'interroger sur la portée pratique de cette reconnaissance : pendant une grande partie de son mandat, le président Bush a constamment semé le doute sur l'existence du lien entre les émissions anthropiques de gaz à effet de serre et le réchauffement de la Terre. Une illustration, parmi beaucoup d'autres, de climato-scepticisme larvé. Pour autant, les États-Unis ne se sont pas retirés de la Convention climat, ce qui par ailleurs est plutôt heureux.

Le deuxième principe fixe à la communauté internationale l'objectif de plafonner la concentration des gaz à effet de serre dans l'atmosphère. La Convention climat recommande que le niveau de ce plafond prévienne de « toute interférence humaine dangereuse pour le climat ». Ce plafond devra être atteint dans un calendrier permettant aux écosystèmes de s'adapter naturellement au changement du climat ; il ne devra pas menacer la poursuite de la production alimentaire ; il devra favoriser le développement économique avec des méthodes durables. Ici encore, la nécessité de trouver des formules consensuelles limite leurs implications opérationnelles : ni le calendrier ni la fourchette dans laquelle doit se situer le plafond de concentration des gaz à effet de serre dans l'atmosphère ne sont précisés. L'objectif de limiter à 2 °C le réchauffement moyen relativement à l'ère préindustrielle a été adopté bien plus tard, en décembre 2009 lors du sommet de Copenhague, puis formellement intégré aux accords climatiques internationaux l'année suivante lors de la conférence de Cancún. Comme on l'a vu, cet objectif purement déclaratif peut facilement être traduit en trajectoires d'émission globales à partir des travaux du GIEC.

Le troisième principe de la Convention climat est celui de la « responsabilité commune mais différenciée » face au changement climatique. Responsabilité commune signifie qu'en ratifiant la Convention, chaque État reconnaît porter une partie de la responsabilité collective. Responsabilité différenciée signifie que chacun n'a pas le même degré de responsabilité suivant son niveau de développement, niveau qui détermine largement l'accumulation de gaz à effet de serre dont il est historiquement responsable. La différenciation du degré de responsabilité est un critère d'équité aux fondements peu discutables. Une bonne partie du blocage de la négociation climatique résulte de la difficulté à s'entendre sur sa traduction opérationnelle.

Le principe de responsabilité commune mais différenciée pourrait se décliner au cas par cas, en fonction de paramètres caractérisant le niveau de développement de chaque pays. La Convention climat en donne une traduction binaire. Elle classe les pays en deux groupes : les pays industrialisés et les pays en développement. Les premiers, à l'origine des trois quarts des émissions mondiales de gaz à effet de serre accumulés entre 1850 et 1990, portent une responsabilité historique prépondérante. Ils sont recensés dans l'Annexe I qui regroupe les pays développés ainsi que la Russie, l'Ukraine et les pays d'Europe de l'Est. Les autres pays, « hors Annexe I », n'ont pas la même responsabilité historique et la Convention leur reconnaît un droit prioritaire au développement.

Comme l'a montré le chapitre 1, cette représentation bipolaire du monde, déjà discutable en 1992, est en total déphasage avec la réalité du monde contemporain. Elle a pourtant été gravée dans le marbre par le protocole de Kyoto.

## *Kyoto : l'accord unijambiste*

Certaines COP n'ont pas laissé de grands souvenirs. D'autres ont marqué l'histoire de la négociation climatique comme celle qui s'est réunie en 1997 à Kyoto. Le protocole de Kyoto, adopté en séance plénière, constitue le principal texte d'application de la Convention climat.

La mécanique impressionne par sa rapidité : deux petites années séparent la tenue de la première Conférence des parties à Berlin de la signature du protocole. La ratification va prendre plus de huit ans, premier symptôme des grains de sable qui apparaissent dans les rouages. Autre point à noter : les États-Unis, présents à la signature, manquent à l'appel à l'arrivée. Beaucoup en Europe y voient la marque du président Bush qui succéda à l'administration démocrate en 2001. En réalité, le président Clinton n'a jamais transmis au Sénat américain le texte du protocole signé à Kyoto pour ratification. Et pour cause : ce dernier avait voté à la quasi-unanimité une résolution indiquant qu'il ne ratifierait jamais un accord de ce type[2].

2. Résolution Byrd-Hagel, adoptée par le Sénat à 95 voix pour et 0 contre, 105th Congress, 1st Session, Report n° 105-54, GPO.

Or la Constitution des États-Unis est très claire : un accord international ne peut entrer en application sans sa ratification par le Sénat, quelle que soit l'ambition du Président. Avis à tous les négociateurs climat !

Le protocole de Kyoto apporte une double innovation dans la vie internationale. Au plan juridique, il introduit dans le droit international un système d'engagements contraignants sur les émissions de gaz à effet de serre. Au plan économique, il assortit ces engagements de trois instruments de flexibilité : un système d'échange de permis entre pays résultant de la rareté introduite par les plafonds d'émission attribués, couplé à deux mécanismes de projet.

Première innovation, le caractère juridiquement contraignant (*legally binding*) des engagements portant sur les émissions fut considéré à l'époque comme une rupture majeure par la majorité des experts du climat. Le débat sur la qualification juridique de l'accord fit rage lors de la conférence de Copenhague où devait naître un successeur à Kyoto. Il est loin d'être clos : plusieurs formulations possibles figurent encore dans le brouillon de ce que pourrait être le prochain accord signé à Paris. À l'usage, cette question souvent montée en épingle est sans doute moins importante qu'il n'y paraît : on quitte un accord comme celui de Kyoto par l'envoi d'une simple lettre avec accusé de réception au secrétariat de la Convention. Un an après, vous êtes libérés de vos obligations. Une plaisanterie ? Le Canada l'a fait en 2011 quand il a pris conscience qu'il ne serait pas dans les clous de ses engagements. Ce qui fait la crédibilité d'un accord, c'est moins sa forme juridique que le type d'instruments économiques prévus pour atteindre les engagements.

Les engagements pris à Kyoto ne concernent que les pays de l'Annexe I de la Convention (à l'exception de la Turquie et de la Biélorussie). Ils couvrent l'ensemble des émissions de six gaz ou familles de gaz à effet de serre d'origine anthropique. Ils s'appliquent à la totalité des sources d'émission situées sur le territoire des pays concernés, à l'exception des rejets de $CO_2$ provenant des transports internationaux par voie maritime ou aérienne. Les pays sont de plus autorisés à porter à leur crédit le stockage du carbone par les forêts et, sous certaines conditions, par les sols agricoles. Un système complexe de comptabilisation des puits de carbone liés à la forêt et à l'agriculture est mis en place à cet effet. En moyenne, ces pays doivent ramener leurs émissions de la période 2008-2012 à 5,3 % en dessous de celles de 1990.

La seconde innovation de Kyoto est de coupler ces engagements à un système international d'échange de permis d'émission. Ce mécanisme de flexibilité est introduit à la demande des États-Unis, condition *sine qua non* pour signer le protocole les engageant à réduire de 6 % leurs émissions. L'objectif est de faire apparaître un prix international du carbone permettant, d'après les évaluations des économistes de l'époque, de diviser par près de deux le coût de réduction des émissions dans le monde. À l'époque, les Européens sont hostiles à ce mécanisme, qu'ils seront pourtant les seuls à expérimenter entre 2008 et 2012. Ils militent alors pour une taxe internationale, dont aucune autre partie ne veut véritablement.

En application du principe de responsabilité commune mais différenciée, les pays en développement (hors Annexe I) sont exonérés de toute obligation de réduction d'émission et même de pratiquement toute obligation de *reporting* à l'égard de la Convention climat. Autre avantage : ils sont les principaux bénéficiaires du Mécanisme pour un développement propre (MDP) institué en marge du système d'échange de permis qui permettra de créditer les réductions d'émission obtenues par des projets conduits dans les pays échappant à la contrainte. L'idée est ici à la fois de réduire le coût de la conformité pour les pays riches et d'inciter à investir dans le bas carbone dans les pays hors Annexe I.

Dans son évaluation rendue en 2003, l'économiste Roger Guesnerie accorde un satisfecit nuancé au protocole[3]. Il indique clairement que mieux vaut un protocole imparfait que pas de protocole du tout et que les instruments de flexibilité constituent une innovation importante promise à un bel avenir. Il pointe du doigt deux faiblesses qui vont de fait miner la suite de la négociation : la difficulté d'élargir le champ couvert par les engagements après 2012 et l'absence de fixation des objectifs de long terme.

Avec le recul, il est clair que le protocole n'a pas délivré les résultats attendus. Il n'a pas mordu dans le rythme des émissions mondiales, même si son entrée en application a sans doute conduit à une accélération des politiques climatiques en Europe et dans quelques pays. Le système d'échange de permis entre pays n'a guère fonctionné : la non-ratification américaine et l'attribution outrageusement favorable de droits à la Russie et à ses anciens satellites ont créé un surplus structurel de droits d'émission. Le MDP a permis, d'après la Banque mondiale, de générer 350 milliards de dollars d'investissements supplémentaires dans les pays en développement. Mais le bilan des réductions d'émission additionnelles opérées dans ces pays est délicat à établir. Par ailleurs, la Chine a capté près de 60 % des flux et les autres pays émergents la quasi-totalité. L'idée

3. Roger Guesnerie, *Kyoto et l'économie de l'effet de serre*, Rapport n° 39 au Conseil d'analyse économique, 2003.

d'utiliser ce mécanisme de Kyoto pour drainer de l'investissement vers les pays moins avancés est restée lettre morte.

Deux défauts majeurs ont miné l'efficacité du protocole : l'absence de visibilité de long terme des engagements et son caractère unijambiste du fait de l'absence d'incitation envoyée aux pays hors Annexe I pour réduire les émissions. Ces deux volets sont du reste liés. Comme le rappelle Jean Tirole dans un autre rapport sur la question, si ces pays anticipent qu'ils risquent d'avoir une contrainte dans le futur, ils sont incités à accroître au plus vite leurs émissions pour se mettre en posture de pouvoir négocier plus de droits à émettre demain[4]. C'est en effet une leçon de l'expérience, choquante mais bien connue des experts de la chose : plus vos émissions sont élevées, plus grand est votre pouvoir de négociation. C'est la raison pour laquelle la Chine et les États-Unis sont les deux acteurs pivots dont les positions conditionneront l'atteinte d'un accord ambitieux à Paris.

La suite de la négociation allait-elle corriger ces faiblesses initiales ? Conformément aux procédures de la Convention climat, le choix de règles devant s'appliquer après 2012 est laissé à l'appréciation des futures COP. Comme il faut plusieurs années pour qu'un accord signé dans le cadre des Nations unies puisse entrer en vigueur, la COP-13, réunie à Bali en décembre 2007, accouche d'une « feuille de route » (*Bali Roadmap*) donnant un mandat de négociations à deux groupes de travail pour définir les règles s'appliquant après 2012. L'échéance est la COP de Copenhague programmée en décembre 2009 où doit se jouer

4. Jean Tirole, *Politique climatique : une nouvelle architecture internationale*, Rapport n° 87 au Conseil d'analyse économique, La Documentation française, 2009.

l'après Kyoto. Beaucoup d'espoirs, donc, placés dans un sommet qui ne délivra pas exactement ce que l'on attendait.

## *Copenhague : l'accord libre-service*

Réunie pour fixer les règles de « l'après Kyoto », la conférence de Copenhague (COP-15) a battu tous les records en termes de nombre de chefs d'État au mètre carré et de médiatisation. Elle n'a pas débouché sur un traité international du type Kyoto *bis*, fixant de nouvelles règles, mais sur la signature d'un document de trois pages, préparé à la hâte, baptisé « accord de Copenhague ». Cet accord marque un tournant dans le processus de négociation.

Le texte a rapidement été mis au point pendant la conférence, lors de consultations entre les représentants des grands pays émergents, Chine, Inde, Brésil, et les États-Unis. L'Europe et le Japon se sont ralliés à ce texte rédigé sans eux, de même qu'une majorité des pays en développement, attirés par les promesses de financements. Malgré l'opposition affichée d'un petit groupe de pays, la quinzième conférence des parties a « pris note » de l'accord de Copenhague, ce qui signifie en langage diplomatique qu'elle ne l'a pas adopté, faute de consensus : seules 119 parties sur 196 ont apporté leur soutien au texte. Les principales dispositions de Copenhague ont cependant été réintégrées dans le cadre de la Convention climat un an après, lors de la conférence de Cancún.

Copenhague marque un déplacement du centre de gravité de la négociation climatique reflétant le poids croissant des grands pays émergents sans lesquels aucune décision majeure ne peut plus être prise. Il traduit le retour en force de la diplomatie américaine qui s'est imposée comme leur interlocuteur privilégié. Il constitue un sérieux revers pour l'Europe qui a participé au sommet en ordre dispersé. Que trouve-t-on dans l'« accord de Copenhague » ?

Du côté des engagements, plusieurs brèches sont ouvertes qui pourraient à terme corriger les faiblesses du système Kyoto. Pour la première fois, un objectif de long terme est affiché dans l'accord climatique : le fameux 2 °C figure dans l'accord de Copenhague et est incorporé l'année suivante dans la Convention climat. Il reste à traduire ce 2 °C en termes d'objectifs portant sur les émissions si on veut lui donner une réelle consistance.

Une seconde brèche concerne l'attitude des pays émergents qui, bien que hors Annexe I, posent pour la première fois des engagements. Que les États-Unis mettent sur la table des engagements de réduction d'émission à Copenhague n'est pas vraiment une nouveauté : ils l'avaient fait à Kyoto pour se faire retoquer par leur Sénat. Les engagements déposés par le président Obama à Copenhague risquent fort de suivre le même chemin. Que les grands pays émergents comme la Chine, l'Inde, le Brésil ou l'Afrique du Sud fassent de même est une véritable révolution dans le petit milieu de la négociation climatique. C'est une première entorse à l'interprétation binaire du principe de responsabilité commune mais différenciée. La deuxième jambe qui fait tant défaut au protocole de Kyoto ?

Le pas effectué par les pays émergents est plus limité qu'il n'y paraît sitôt qu'on regarde d'un peu plus près les engagements déposés : il ne s'agit pas de chiffres fixés en valeurs absolues (des tonnes de $CO_2$ eq.), mais en termes relatifs (en intensité carbone du PIB ou en % d'un scénario de référence). La Chine s'engage par exemple à réduire le contenu $CO_2$ de son PIB de 40 à 45 % entre 2005 et 2020. En retenant les hypothèses de croissance de son plan quinquennal, cela laisse une marge de progression de plus de 75 % pour les émissions : pas très contraignant et sans doute guère compatible avec la cible de 2 °C !

Copenhague introduit en réalité un nouveau mode de fixation des engagements plus décentralisé, dans lequel chaque pays détermine lui-même sa contribution à l'effort commun. Un système « à la carte » dans lequel le secrétariat de la Convention devient une sorte de chambre d'enregistrement, consolidant autant que faire se peut les contributions proposées par chaque partie. Dans un tel système, il y a peu de chance que l'agrégation des contributions nationales converge spontanément sur une trajectoire de 2 °C. Si c'était le cas, on n'aurait du reste pas besoin d'un accord climatique ! Aussi, en contrepartie de la brèche ouverte, Copenhague opère plusieurs régressions d'importance par rapport au dispositif de Kyoto.

Comme au libre-service, chaque pays peut composer à la carte sa contribution. Les réductions de gaz à effet de serre visées peuvent par exemple porter sur des périmètres différents, des années de référence qui ne correspondent pas, des objectifs calculés à partir de formules disparates… En l'absence de règles homogènes, du type de celles mises en place pour les pays de l'Annexe I par le protocole de Kyoto, la simple agrégation de ces contributions nationales devient un véritable casse-tête. Elle rend parfaitement impossible la mise en place d'un réel dispositif de mesure, *reporting* et vérification des émissions, qui assure la simple intégrité environnementale de l'accord.

L'autre régression concerne les instruments économiques, l'une des deux innovations du dispositif de Kyoto. Dans l'accord de Copenhague, leur usage est laissé à la discrétion des gouvernements, voire d'acteurs privés. Leur rôle potentiellement majeur dans le futur accord climatique passe au second plan. Ces instruments deviennent périphériques, à l'ombre de la grande concession faite par les pays développés en contrepartie de l'engagement des pays émergents : la promesse de transferts financiers.

Kyoto visait à transférer des ressources aux pays moins avancés *via* le Mécanisme pour un développement propre (MDP), articulé à un mécanisme international de tarification du carbone. Copenhague leur promet des transferts financiers : 30 milliards de dollars en 2012 et 100 milliards par an d'ici à 2020. Qui paie et qui reçoit ? Selon quelles règles de répartition entre contributeurs et récipiendaires ? Quelles règles de gouvernance appliquer ? Les promesses financières de Copenhague posent bien plus de problèmes qu'elles n'en résolvent. Elles sont devenues un point de tension récurrent, empoisonnant chaque rencontre diplomatique et contribuant au véritable surplace réalisé par la négociation depuis le choc de Copenhague.

## *De Copenhague à Lima : l'art du surplace*

Un an après Copenhague, les principales dispositions de l'accord politique sont intégrées dans le champ de la Convention climat lors de la conférence de Cancún de 2010. L'objectif des 2 °C, la méthode décentralisée du libre-service pour déposer les engagements, la promesse d'un transfert financier de 100 milliards de dollars par an et la constitution d'un « Fonds vert » pour y contribuer, sont donc intégrés aux textes de la Convention.

Simultanément, les négociateurs s'engagent à Cancún sur la voie d'un élargissement de l'agenda. Ils lancent deux programmes visant à favoriser les rapprochements entre pays développés et pays moins avancés. Il est créé un organe destiné à faciliter le développement et les transferts de technologie bas carbone, ainsi qu'un comité supervisant les démarches d'adaptation aux impacts du changement climatique. En décembre 2013, la conférence de Varsovie persiste dans cette voie en instituant un « mécanisme pour les pertes et dommages » destiné à aider les pays les plus touchés par les dégâts occasionnés par le changement climatique. Cet élargissement des sujets traités ne s'accompagne guère de progrès sur le cœur de la négociation : la coopération internationale pour hâter la transition climatique en accélérant la réduction des émissions de gaz à effet de serre.

La conférence de Durban, en 2011, lance une procédure coutumière aux négociateurs du climat : fixer un nouveau calendrier pour trouver enfin les voies d'un accord global. Le mandat de Bali avait donné deux ans aux négociateurs pour trouver un successeur au protocole de Kyoto. Sans doute échaudés par les résultats de Copenhague, les négociateurs se donnent cette fois quatre ans. Un groupe de travail *ad hoc* est mandaté pour trouver au plus tard en décembre 2015 les termes d'un accord climatique qui devra entrer en vigueur en 2020. Autres éléments de la feuille de route : l'accord doit être universel. Sa forme juridique exacte reste en suspens de même que le mode de fixation des objectifs de réduction des émissions.

Où en est-on trois ans après ? La conférence de Lima a constitué la dernière étape du parcours en plénière avant celle de Paris. Derrière la pétition de principe rappelée dans « l'Appel de Lima pour l'action climatique », le chemin parcouru est en réalité bien maigre. Sur les questions essentielles, la négociation fait du surplace.

La forme juridique du futur accord ? Elle n'est toujours pas tranchée et risque de faire l'objet de multiples débats. L'ébauche du futur accord figurant en annexe de l'appel de Lima hésite entre plusieurs formules dont aucune ne semble pour l'instant faire consensus.

Les engagements des pays en matière de réduction d'émission ? Il y a au démarrage une question de vocabulaire. Si on parle d'« engagement » à ce stade, c'est préjuger du caractère juridiquement contraignant du futur accord qui ne fait pas consensus. Les négociateurs se sont donc mis d'accord sur la formule de « contributions nationales envisagées » (*Intended Nationally Determined Contributions).* Il est convenu que chaque pays dépose sa contribution nationale au premier semestre 2015 afin que le secrétariat de la Convention puisse les examiner et présenter un rapport de synthèse en novembre 2015, soit un tout petit mois avant le démarrage de la conférence de Paris. Une chose est certaine, à la mi-février, aucun pays n'avait encore déposé la moindre contribution auprès du secrétariat de la Convention…

Les instruments économiques ? Comme dans toutes les conférences climat tenues depuis Cancún, la question des 100 milliards de dollars à transférer annuellement à partir de 2020 a constitué une pomme de discorde cristallisant oppositions et incompréhensions. Les pays développés ont fait valoir qu'environ 10 milliards avaient déjà été mobilisés pour le Fonds vert. Réponse cinglante des pays en développement : on est très loin du compte ! De plus, il ne s'agit encore que de promesses pour l'essentiel. À l'exception du volet de la lutte contre la déforestation où les progrès opérationnels ont été effectifs dans le cadre du mécanisme de la REDD+ (Reduced Emissions from Deforestation and forest Degradation), on ne voit guère comment trouver les fonds ni comment les redistribuer. Simultanément, les mécanismes de tarification du carbone ne semblent plus occuper qu'une place secondaire autour de la table de négociation. Relégués à la périphérie, ils sont pris en charge dans le cadre d'initiatives d'experts dont la plus importante est celle de la Banque mondiale. Si on ne parvient pas d'ici Paris à dégonfler les différends qui se cristallisent autour de cette question des 100 milliards, il sera bien difficile d'apposer les 196 signatures au bas d'un accord dont la feuille de route nous dit pourtant qu'il doit être universel.

Au terme de vingt-cinq ans de négociation, on a parfois l'impression que la machine s'est mise à tourner sur elle-même. Les élans des premières étapes qui avaient été franchies à marche forcée ont cédé la place à un processus embrassant un nombre croissant de thèmes, avec plus de complexité et moins de visibilité. La conférence de Paris-climat peut-elle marquer un point de retournement susceptible de changer la donne entre sa tenue en décembre 2015 et l'année 2020, date d'entrée en vigueur du futur accord climatique ? Il s'est passé beaucoup de choses dans le monde en vingt-cinq ans, en dehors du cercle de la négociation climatique, qui pourraient favoriser un tel rebondissement.

## *Paris : les voies d'un accord ambitieux*

Un accord ambitieux à Paris doit réaliser la synthèse entre la formule unijambiste de Kyoto et celle du libre-service de Copenhague. Chacune a ses qualités et ses défauts. La bonne synthèse consiste à trouver un agencement qui permette de reconstituer le trépied sur lequel repose l'accord sur la couche d'ozone : élargir et renforcer effectivement les engagements de réduction d'émission dans le monde pour s'aligner avec l'objectif de 2 °C ; affirmer l'autorité des Nations unies dans ses fonctions de certification des émissions et de contrôle des engagements pris par les États ; déployer des instruments économiques et financiers qui envoient les bonnes incitations.

Pour mettre toutes les chances du bon côté, il est utile de revenir aux trois principes clés de la Convention climat de 1992. Ils fournissent les bonnes balises pour parvenir à un accord ambitieux, à condition d'être remis en phase avec la réalité contemporaine. Le principe de responsabilité commune mais différenciée a justifié l'approche unijambiste de Kyoto ou les promesses financières de Copenhague. Dans les deux cas, sa traduction binaire est en décalage croissant avec la géopolitique de la transition climatique décrite au premier chapitre. Il convient de dépasser cette interprétation en prenant appui sur les changements du monde réel dont certains créent un contexte bien plus favorable que celui prévalant au moment où étaient négociés les accords du passé.

Dans les premières phases de la négociation, on n'avait pas toujours une idée très précise de la façon dont on pourrait massivement réduire les émissions de gaz à effet de serre. On dispose en 2015 d'une courbe d'expérience bien plus large. Les progrès techniques rendent plus aisée la mobilisation des sources renouvelables d'énergie. Ils permettent des gains rapides dans l'acheminement et l'usage des énergies. Des solutions alternatives à l'usage des fossiles se développent en créant de nouvelles filières économiques. Certains progrès dans les techniques agricoles et forestières permettent de baisser les émissions sans affaiblir le potentiel de production alimentaire. L'urbanisme sait, mieux aujourd'hui qu'hier, comment organiser la ville pour réduire drastiquement les émissions.

Ces changements donnent un certain degré de faisabilité aux scénarios faiblement émetteurs construits de façon volontariste par le GIEC. Ils les rendent surtout très attractifs pour les acteurs de l'économie engagés dans le déploiement de méthodes de production ou de mode de consommation économisant les émissions. Comme le protocole de Montréal a beaucoup intéressé l'industrie chimique sitôt qu'elle a maîtrisé les alternatives techniques aux gaz CFC ! Tous ces acteurs se sont mobilisés pour la conférence de Paris dans le cadre de ce qu'on appelle l'« agenda des solutions ». Leur rôle n'est pas de négocier, mais de convaincre les négociateurs.

Les trajectoires d'émission bas carbone du GIEC ne sont pas déclinées géographiquement. Dans le cadre de la préparation de la conférence de Paris, une telle ventilation a été réalisée dans *Pathways to Deep Decarbonization*, une série d'études coordonnées par l'IDDRI, institut basé à Paris, et le réseau de recherche SDSN dépendant des Nations unies à New York[5]. Ces scénarios n'ont pas pour vocation de prédire ou d'éclairer le futur. Ils sont normatifs. Leur intérêt est de montrer que l'objectif des 2 °C ne peut résulter que de l'adoption de cibles de long terme très ambitieuses pour tous les pays, couplées à des trajectoires impliquant au démarrage des baisses d'émission bien plus rapides pour les pays industrialisés. À charge pour les négociateurs de trouver les bonnes articulations entre objectif de long terme qui doit être fixe si on veut atteindre les 2 °C, et objectif de moyen terme qui doit être révisable au vu de l'évolution du contexte.

5. *Pathways to Deep Decarbonization, 2014 report*, SDSN et IDDRI, 2014.

Autre évolution importante : la prise de conscience que nombre d'actions pour réduire les émissions de gaz à effet de serre apportent des résultats quasi immédiats en termes sanitaires. Cela s'applique en premier lieu au charbon. Première source d'émission de $CO_2$ dans le monde, il est aussi la première source de nuisances respiratoires au sein des populations. Réduire son usage, c'est gagner sur les deux tableaux : le climat et la santé. La crainte du cancer avait fortement contribué au soutien de l'opinion pour éradiquer l'usage des gaz CFC. Celle des maladies respiratoires, dont le cancer du poumon, peut être un facteur d'adhésion de la population en faveur d'un accord climatique, notamment dans les pays émergents. Un point à insérer en bonne place dans l'« agenda des solutions ».

Une différence majeure avec l'époque héroïque où quelques pionniers négociaient le protocole de Kyoto est que de plus en plus de pays pratiquent de véritables politiques nationales face au réchauffement. Prenons le cas de la déforestation. C'est le seul domaine pour lequel le cinquième rapport du GIEC détecte un progrès dans l'évolution des émissions depuis 2000. Cela s'explique en premier lieu par la réorientation drastique des politiques forestières brésiliennes et de quelques autres pays, qui a permis d'organiser plus facilement la coopération internationale *via* le mécanisme REDD+.

Sous cet angle, le paysage a connu quelques évolutions majeures à l'approche de la conférence de Paris. Fidèle à ses traditions, l'Union européenne a indiqué qu'elle s'engageait à réduire ses émissions de 40 % relativement à 1990. L'Europe se présente hélas en position de faiblesse dans cette négociation : son économie va mal avec la crise de l'euro qui n'en finit pas ; sa transition énergétique est chaotique et son principal instrument de politique climatique, le système d'échange de quotas de $CO_2$, est en déshérence.

Les inflexions les plus importantes concernent les deux premiers émetteurs mondiaux : Chine et États-Unis. Dans leur ouvrage prémonitoire publié en 2003, Stewart et Wiener indiquent que l'avenir est à une coopération bilatérale renforcée entre la Chine et les États-Unis, pouvant rejoindre un jour les efforts déployés dans le cadre multilatéral de la Convention climat[6]. Douze ans après, on est peut-être en passe d'y arriver. La coopération entre la Chine et les États-Unis se développe depuis plusieurs années en matière climatique. Elle devrait se renforcer à la suite de l'annonce de l'accord bilatéral de novembre 2014. Les deux pays ont par la même occasion annoncé de nouveaux objectifs en matières d'émission de gaz à effet de serre : une baisse de 26 à 28 % en 2025 relativement à 2005, pour les États-Unis ; un plafonnement vers 2030 du volume global des émissions, pour la Chine.

À un peu plus d'un an de la conférence de Paris, le côté tactique de ces annonces n'a échappé à personne. Ce premier pas concernant les engagements, encore très modeste, pourrait avoir des effets bénéfiques en chaînes s'il s'intégrait dans une coordination globale renforçant l'action de chacun. L'accord de Paris pourra-t-il déclencher une telle dynamique ? Pour y parvenir, il faut s'intéresser aux deux autres piliers du trépied de tout accord environnemental crédible : celui des règles de mesure et de vérification des émissions et celui des instruments économiques.

6. Richard Stewart et Jonathan Wiener, *Reconstructing Climate Policy : Beyond Kyoto*, AEI Press, 2003.

CHAPITRE 4

# Envoyer les bonnes incitations économiques

Le résultat du surplace effectué par la négociation climatique des dernières années est l'inquiétant compte à rebours précédant la conférence Paris-climat. Les 196 parties doivent soumettre en amont de la conférence leurs « contributions nationales ». Adoptons un instant le point de vue de l'une de ces parties : « À moins d'avoir un don de voyance, je ne sais pas exactement à quoi engage ma contribution. Les termes du futur traité climatique restent flous. Un effort supplémentaire de ma part n'aurait de réel impact que si les autres parties tiraient dans le même sens. Ont-elles la moindre incitation pour le faire ? Si je m'engage un peu plus dans l'effort collectif, elles pourront au contraire réduire leurs propres contributions. À ce jeu du mistigri, je risque d'être perdant en m'engageant le premier. Le plus sage est d'attendre ou de faire du bluff par médias interposés. »

Nous sommes confrontés au problème très classique du « passager clandestin ». Pour chaque acteur pris isolément, il n'y a pas de corrélation directe entre le niveau de son effort pour réduire les émissions et le bénéfice qu'il en tirera sous forme de moindres dommages. La perturbation climatique est en effet liée au stock global de gaz à effet de serre qui n'est que faiblement corrélé au flux annuel d'émission de chaque pays. Les impacts les plus sévères sont éloignés dans le temps. Or les acteurs ont tendance à ignorer le long terme dans leur décision, nous rappelle Christian Gollier l'économiste spécialiste de ces questions[1]. Ils auront tendance à reporter l'intégralité des coûts du changement climatique sur les générations futures. Chaque joueur a intérêt à attendre que ses voisins lancent l'action, la position idéale étant celle du « passager clandestin » qui ne ferait aucun effort quand tous les autres s'engageraient pour protéger le bien commun.

Face à la question du passager clandestin, l'Europe et les États-Unis ont jusqu'à présent eu des réactions opposées. Un peu angélique, la première a toujours considéré que l'engagement unilatéral des pays riches était de nature à provoquer un effet d'aspiration des autres pays qui rejoindraient spontanément une large coalition internationale. À l'opposé, le Sénat américain a toujours indiqué à une majorité écrasante qu'il ne ratifierait jamais un accord qui n'imposerait pas aux pays étrangers les mêmes contraintes qu'aux États-Unis.

Comme l'a analysé Elinor Ostrom, il existe de multiples façons d'organiser localement la protection d'un bien commun en alignant les intérêts stratégiques des acteurs. Elles ne sont pas faciles à transposer au cas d'un bien commun planétaire comme le climat[2]. Dans une économie de marché globalisée,

1. Christian Gollier, *Pricing the Planet's Future : The Economics of Discounting in an Uncertain World*, Princeton University Press, 2012.
2. Elinor Ostrom, « Polycentric systems : Multilevel governance involving a diversity of organisation », *in* Éric Brousseau, Tom Dedeurwaerdere, Pierre-André

l'une des voies les plus évidentes pour y parvenir est de faire payer aux acteurs le coût des dégradations qu'ils occasionnent au bien commun. Dans le cas du climat, ce coût a pour nom le prix du carbone.

Dans un monde idéal où il faudrait payer un prix significatif pour chaque tonne de $CO_2$ rejetée dans l'atmosphère, tous les acteurs seraient incités à réduire leurs émissions ce qui ferait disparaître les velléités du passager clandestin. La conférence de Paris marquera une rupture salutaire si elle pose les jalons d'une tarification internationale du carbone entre 2015 et 2020. Dans son fonctionnement actuel, l'économie est une source de problèmes. Avec un prix du carbone généralisé, elle devient génératrice de solutions.

## *Les incitations transmises par le prix du carbone*

La tarification du carbone permet d'introduire une nouvelle valeur dans l'économie : celle que la collectivité accorde effectivement à la protection du climat. Comme nous l'a rappelé le premier chapitre, les marchés donnent une valeur au carbone d'en bas, celui qui est présent dans les stocks de charbon, de pétrole ou de gaz naturel. Ils ne tarifient pas spontanément le carbone d'en haut, celui qui s'accumule dans l'atmosphère en menaçant l'équilibre du climat. Tant que persiste cette dissymétrie, les acteurs économiques ne paient pas les coûts des dommages climatiques infligés par leurs rejets de $CO_2$ dans

Jouvet et Marc Willinger, *Global Environmental Commons*, Oxford University Press, 2012.

l'atmosphère. Les chances d'inverser rapidement les trajectoires d'émission demeurent dès lors infimes.

Il y a deux voies principales pour sortir de cette dissymétrie : la réglementation ou la tarification du carbone. Les normes sont des instruments utiles, mais d'un maniement complexe, et jamais faciles à mettre en place au plan international. C'est pourquoi l'instrument du prix du carbone est une composante incontournable de tout accord climatique destiné à mordre fortement sur les émissions. D'après William Nordhaus, l'un des précurseurs de l'économie du climat, la façon dont ce prix du carbone est introduit importe finalement peu. Ce qui compte, c'est que ce prix soit effectif, avec une visibilité suffisante pour changer les comportements[3]. Donnons deux exemples concrets pour illustrer le propos.

Premier exemple : les incidences de la taxation du carbone en Suède. Parmi les pays européens ayant mis en place une taxe carbone, la Suède est allée plus loin que les autres. En 2015, il en coûte plus de 100 euros la tonne de $CO_2$ pour se déplacer, se chauffer, plus généralement utiliser de l'énergie fossile pour un usage domestique non industriel. Cette taxe a été introduite en 1991, à un taux nettement plus faible. Les gouvernements successifs ne l'ont jamais remise en cause et ont augmenté le taux. En modifiant les prix relatifs, la taxe carbone déplace l'échelle des valeurs et modifie les comportements. Tout opérateur de chauffage urbain qui injecte une énergie fossile dans son réseau doit payer la taxe à hauteur des émissions générées. Il perd de l'argent par rapport à une énergie renouvelable comme le bois ou le biogaz exempts de

3. William Nordhaus, *The Climate Casino, Risk, Uncertainty and Economics for a Warming World*, Yale University Press, 2013.

taxe puisque non émettrice de $CO_2$ d'origine fossile. Résultat : dans un pays bien connu pour ses rigueurs hivernales, on émet par tête beaucoup moins de $CO_2$ pour les habitations qu'en Espagne où le climat est bien plus clément.

Certes diront les récalcitrants, mais la Suède est un pays riche qui peut se payer ce luxe. A-t-on idée de ce qu'a coûté la taxe carbone pour l'économie ? Des études ont effectivement été réalisées. La taxe carbone n'est pas venue s'ajouter aux impôts existants. S'intégrant dans une réforme fiscale globale, elle a au contraire permis de faire baisser d'autres impôts qui pesaient antérieurement sur l'économie. Cette bascule a créé un « deuxième dividende », suivant la formule consacrée, favorable à la croissance et à l'emploi. Un point important à retenir pour la mise en place de la tarification environnementale dans le cadre d'un accord climatique : quand on tarifie le carbone dans une économie, on introduit une nouvelle valeur. Si cette valeur est significative, on peut la réinjecter dans l'économie, pour faire baisser d'autres impôts dans le cas de la Suède, ou financer des transferts entre pays dans l'hypothèse d'une tarification internationale du carbone.

De façon symétrique, l'exemple de la révolution des gaz et pétrole de schiste aux États-Unis montre les effets pervers d'une absence de tarification internationale du carbone. La mise au point de nouveaux procédés d'extraction (forages horizontaux et fracturation hydraulique) a permis de lancer à grande échelle l'exploitation des hydrocarbures non conventionnels aux États-Unis. Sans prix du carbone et avec peu de considération pour les autres risques environnementaux, les coûts de production y sont faibles et ont fait chuter le prix du gaz. Du fait de l'abondance des réserves nord-américaines, le développement du gaz est le principal vecteur de la transition énergétique du pays.

Il a commencé à se substituer au charbon dans les centrales électriques. Ses applications dans les transports où il pourra prendre la place du pétrole se mettent au point. Substituer du charbon et même du pétrole par du gaz est à première vue une excellente opération pour le climat. De fait, les émissions de $CO_2$ des États-Unis sont en recul sur les dix dernières années pour la première fois depuis le second choc pétrolier de 1979.

Le bénéfice pour le climat est-il définitivement acquis ? En premier lieu, il ne faut pas oublier de mettre dans la balance les émissions fugitives de méthane, associées à l'exploitation des gaz de schiste. Surtout, il faut voir ce que devient le charbon des mines des Appalaches ou du Wyoming qui n'est plus utilisé par les centrales américaines. Une partie du surplus rendu disponible a déjà pris le chemin de l'Europe ou de l'Asie où il provoque une substitution symétrique du gaz vers le charbon, les prix relatifs entre les deux énergies pour les électriciens étant à peu près inversés. Les marchés asiatiques semblent très porteurs. Une voie de chemin de fer et des terminaux portuaires sont en construction pour accroître la capacité d'exportation de charbon des États-Unis depuis la côte ouest. En l'état actuel du fonctionnement des marchés internationaux, le nouveau gaz de schiste ne va pas se substituer au charbon. Il va s'ajouter aux ressources charbonnières existantes pour globalement rejeter plus de $CO_2$ dans l'atmosphère.

Au plan global cela peut *in fine* induire beaucoup plus d'émissions. La prise en compte des gisements non conventionnels de gaz a conduit à une révision massive des réserves mondiales : l'AIE a réévalué les réserves probables en gaz de soixante à deux cent trente années au rythme d'extraction actuel. Cela équivaut à multiplier par quatre l'estimation de la quantité de gaz à effet de serre pouvant être rejetée dans l'atmosphère en l'absence de la balise du prix du $CO_2$. Quel serait l'effet d'un tel prix ? Si en Europe le marché des quotas fonctionnait correctement, ce prix grèverait les kWh produits à partir du charbon. Du coup, les opérateurs électriques seraient conduits à retirer de la production des centrales à charbon plutôt que de mettre sous cocon des centrales à gaz comme ils le font actuellement. S'il y avait un prix mondial du carbone, le climat y gagnerait sur tous les plans : la bascule au détriment du charbon serait plus rapide aux États-Unis. Les incitations à utiliser le charbon américain en Europe et en Asie disparaîtraient. L'instrument apparaît donc très puissant.

Un prix du $CO_2$, s'il se généralise dans l'économie, est le seul instrument qui permette d'envoyer les bonnes incitations à la fois du côté de la demande (efficacité énergétique et substitution de sources fossiles par des renouvelables) et de l'offre (réorientation des flux d'investissement vers le bas carbone). À partir d'un certain niveau, le prix du carbone incite de surcroît à utiliser de nouvelles techniques de captage, transport et stockage géologique du carbone qui pourraient permettre demain d'utiliser les énergies fossiles sans pratiquement plus émettre de gaz à effet de serre, ou de produire de l'énergie avec des émissions négatives si on applique ces techniques de capture et de stockage à des installations utilisant de la biomasse issue du cycle court du carbone. Comment peut-on introduire un tel instrument dans l'économie ?

## *Petit manuel de tarification du carbone à l'usage du négociateur*

Pour mettre un prix aux émissions de $CO_2$, deux voies sont possibles : la taxe ou le marché de permis d'émission. Au plan national, comme dans le cas d'un accord international, l'une ou l'autre de ces voies peut être appliquée. Sous certaines conditions, il est possible de les combiner. On parle alors d'un mécanisme hybride.

L'utilisation d'une taxe pour protéger des biens environnementaux a été préconisée dès 1920 par l'économiste anglais Pigou. Son idée était de protéger l'environnement en faisant payer au pollueur une estimation de la valeur donnée à la protection des biens environnementaux par la société. À quel niveau fixer cette taxe ?

En théorie pure, la réponse est simple : au niveau où la taxe égalise le bénéfice environnemental visé (le bénéfice que nous tirons de la réduction des nuisances). Plus la société accorde de valeur à l'environnement, plus elle acceptera une taxe élevée, et réciproquement. En pratique, les économistes sont bien en peine de répondre à cette question dans le cas des émissions de $CO_2$. Ce type d'approche est facilement applicable aux pollutions qui ont des effets locaux identifiables comme celles résultant de la circulation automobile urbaine ou du rejet de polluants affectant la qualité d'une rivière. Elle s'applique plus difficilement au cas du changement climatique, en raison de la complexité des interactions entre l'émission d'une certaine quantité de gaz à effet de serre aujourd'hui et la valeur des dommages qu'elle pourrait engendrer dans le temps. Cette méthode est néanmoins utilisée pour calculer ce que l'on appelle le « coût social » du carbone. Le gouvernement fédéral américain estime ce coût en 2015 dans une fourchette comprise entre 12 et 65 dollars la tonne de $CO_2$. Sans coup de frein sur les émissions, ce coût augmente rapidement dans le temps.

Dans la pratique, on recourt souvent à une méthode différente pour évaluer le « bon prix du carbone ». On estime le prix permettant d'atteindre un objectif donné de réduction d'émission. Dans ce cas, il faut s'accorder sur une trajectoire d'émission cible, puis calculer un prix théorique permettant d'atteindre l'objectif au moindre coût. Un travail complet a été réalisé en France en 2009 sous la direction d'Alain Quinet. Il retient un prix cible de l'ordre de 32 euros la tonne de $CO_2$ pour 2010 augmentant jusqu'à 100 euros en 2030, pour viser une division par quatre des émissions de gaz à effet de serre d'ici à 2050. Le résumé pour décideurs du cinquième rapport du GIEC ne donne pas explicitement de tels prix cibles du carbone associés aux trajectoires d'émission compatible avec une cible de 2 °C. Ces prix se situent dans des fourchettes de l'ordre de 10 à 50 dollars en 2015, pour augmenter rapidement ensuite s'il n'y a pas d'action précoce pour endiguer les émissions. Si on était capable d'introduire une taxe de ce montant unitaire sur l'ensemble des émissions mondiales, les acteurs économiques seraient tous incités à s'engager sur une trajectoire de 2 °C !

La seconde voie possible pour tarifer le carbone est celle du marché de permis d'émission. Elle a été explorée dans les années 1960 par les économistes Tom Crocker et John Dales, à la suite des travaux fondateurs du Nobel d'économie Ronald Coase. Le passage de la théorie à la pratique a réellement commencé en 1995 aux États-Unis, dans le cadre de la lutte contre les pluies acides : un marché des droits à émettre du $SO_2$ dans l'atmosphère a été lancé avec succès cette année-là. Dans un système de marché de permis, on fixe le volume des émissions autorisées, puis on laisse le marché déterminer le prix. La formule anglaise désignant ce type de marché l'exprime bien : *cap & trade*. Un marché de permis d'émission implique en premier lieu qu'on crée de la rareté en plafonnant les émissions autorisées. C'est le « *cap* ». Une fois le *cap* défini, on peut échanger les droits à émettre, devenus rares du fait de la nouvelle contrainte carbone qui s'impose aux agents économiques. Voilà pour le « *trade* ». L'ambition environnementale du dispositif résulte de la fixation du plafond d'émissions total. Le rôle des échanges de permis sur le marché est ensuite d'assurer l'efficacité économique des méthodes employées pour atteindre l'objectif. On est dans une situation symétrique à celle de la taxe, cette fois-ci avec une connaissance du résultat de la politique environnementale engagée, mais une incertitude sur son coût pour les agents économiques.

Comme on l'a vu, le protocole de Kyoto a cherché à introduire un tel système de marché de permis pour réduire au meilleur coût les émissions des pays de l'Annexe I. Son architecture reposait sur les engagements pris par les pays qui plafonnaient de fait le volume de leurs émissions. L'architecture du protocole consistait à utiliser ces plafonds pour organiser un échange international de permis entre pays. Ce système a conduit à mettre en place un dispositif de calcul et de vérification des émissions de gaz à effet de serre pour ces pays, basé sur les normes de calcul validées par le GIEC qui constitue un réel progrès. Il n'a pas permis de créer une rareté des droits d'émettre suffisante pour faire émerger un prix international du carbone.

On retrouve ce travers dans nombre d'expériences engagées pour tarifer le carbone à partir de la méthode du *cap & trade*. Le système européen d'échange de quotas de $CO_2$ créé en 2005 pour faciliter l'atteinte des engagements Kyoto de l'Union européenne, concerne les principales sources industrielles : centrales électriques, usines sidérurgiques, cimenteries, usines de papier, de verre… Avant le démarrage de ce marché, la crainte des autorités était qu'une contrainte trop forte ne fasse envoler le prix au détriment de la compétitivité. En 2015, dix ans après le démarrage du marché, retournement complet de situation : impossible de faire remonter un prix du $CO_2$ tombé en dessous de 10 euros la tonne ! Comme pour le marché de Kyoto, l'autorité publique n'a pas réussi à fixer un plafond réellement contraignant. Faute d'une gouvernance efficace, ce marché ne joue pas le rôle de pivot de la politique climatique que l'Union européenne voulait lui donner. Il est encore trop tôt pour juger si les marchés du carbone en cours de déploiement dans le reste du monde, en particulier en Chine et aux États-Unis, tomberont dans les mêmes travers.

Le résultat de ces déconvenues est que l'immense majorité des émissions de $CO_2$ restent dans le monde non tarifées, ou sous-tarifées. Pis, il existe de nombreux mécanismes d'aide à la production ou à la consommation des énergies fossiles qui s'interprètent au plan économique comme autant de « prix du carbone négatifs » : leurs bénéficiaires sont incités à accroître l'usage des fossiles. Sans qu'un bilan exact puisse être facilement établi, l'impact global de ces prix du carbone négatifs l'emporte encore sur celui des tarifications embryonnaires du carbone. D'où la tendance à l'accélération des émissions dans la phase actuelle de la mondialisation, analysée au premier chapitre.

L'accord de Paris permettra-t-il de remédier à cette gratuité du $CO_2$ ? Sur le papier, l'affaire semble assez simple à régler. Autour de la table de négociation, c'est plus compliqué. Il faut obtenir l'adhésion des 196 parties à la négociation. Chacune s'interroge sur les implications qu'aurait un tel prix pour sa propre économie. La répartition sera-t-elle équitable ?

## *À la recherche de l'accord climatique équitable*

Imaginons que les 196 parties à la Convention climat se soient mises d'accord pour tarifer l'ensemble des émissions de gaz à effet de serre. En 2015, ces émissions avoisinent 50 milliards de tonnes d'équivalent $CO_2$, soit 6,5 tonnes par habitant. Avec un prix de 20 dollars la tonne, on cumulerait une valeur totale à l'échelle du monde de l'ordre de 1 000 milliards de dollars. Cette valeur globale représente le prix que la collectivité accorde effectivement à la protection du climat. Comment peut-elle se distribuer dans l'économie mondiale ? Les effets distributifs du prix du carbone constituent une réelle pierre d'achoppement de la négociation climatique. Elle a fait l'objet d'une importante littérature spécialisée, souvent trop technique pour être accessible au plus grand nombre[4].

Les écarts de richesses entre pays sont tels que la mise en place d'un prix uniforme du carbone (indifféremment sous forme de taxe ou de marché de permis) semble impossible. Le prix du carbone adapté au Nord sera toujours bien trop

4. Joseph Aldy et Robert Stavins, *Architectures for Agreement Addressing Global Climate Change in the Post-Kyoto World*, Cambridge University Press, 2007.

élevé au Sud, et réciproquement. Prenons l'exemple de l'Inde. Les coûts et les prix y sont encore bien plus bas que dans les pays développés. Un prix du carbone de 20 dollars y serait en proportion bien plus impactant que dans les pays riches. Il constituerait par exemple une lourde charge pour l'industrie du ciment (dans les technologies actuelles). Or l'Inde doit développer très rapidement des infrastructures et des constructions pour faire face aux besoins de la population dont une bonne partie n'a ni logement décent, ni accès aux services publics de base. Le pays devrait-il alors arbitrer entre le climat et son développement ? Il est clair qu'aucun accord climatique équitable ne peut reposer sur de telles bases. Comment sortir de ce dilemme ?

Pour traiter la question, on peut s'engager sur deux voies. La première serait d'instituer des prix du carbone différenciés par zone selon leurs niveaux de développement. Elle est inefficace sur le plan économique, car le climat étant un bien commun planétaire, le coût des dommages engendrés par une tonne de $CO_2$ est le même, que cette tonne soit émise en Inde ou dans d'autres pays. L'autre voie est de coupler l'introduction du prix international du carbone à des transferts de ressources du Nord vers le Sud pour compenser les écarts de développement.

Sur le papier, l'introduction d'un prix international du carbone peut être facilement couplée à de telles redistributions forfaitaires. Imaginons que la tarification du carbone soit introduite par une taxe uniforme de 20 dollars par tonne dont le produit serait redistribué de façon égalitaire à chaque pays en fonction du nombre d'habitants. Au plan distributif, un tel mécanisme équivaut à un système mondial de *cap & trade* basé sur une répartition égalitaire des droits à émettre par habitant (en supposant que le prix de marché atteigne 20 dollars compte tenu de la contrainte). Elle repose sur un critère d'équité simple : l'égalité de tous les citoyens du monde par rapport au droit à émettre des gaz à effet de serre.

À émissions inchangées, une telle tarification du carbone génère au démarrage des transferts massifs : un flux global de l'ordre de 270 milliards de dollars par an, soit deux fois la totalité de l'aide publique au développement ! Avec une contribution de 85 milliards, les États-Unis seraient le premier perdant tandis que l'Inde serait le premier bénéficiaire avec un gain de 110 milliards. Un tel dispositif serait plébiscité par les pays en développement les plus réticents à rejoindre un accord climatique, à commencer par l'Inde.

Ce sont les pays riches qui s'opposent à une telle voie dans laquelle la mise en place d'une tarification du carbone au plan international s'accompagnerait de redistributions massives à leur charge. Ces pays préfèrent s'arc-bouter sur la formule dite du "droit du grand-père" dans laquelle on reconnaît les droits historiques à émettre qui sont plafonnés puis réduits dans le temps. C'est cette formule qui a été retenue dans le cadre du protocole de Kyoto. Par construction, elle laisse les pays en développement à la périphérie de l'accord. Cette architecture rend très hypothétique l'élargissement du noyau initial de la coalition des pays riches basée sur la reconnaissance des droits historiques à émettre.

Pour contourner ces difficultés, il est tentant d'imaginer des systèmes alternatifs. Par exemple, une tarification du carbone par le biais d'une taxe pesant sur le contenu en carbone des biens et services consommés, sur le modèle de la TVA. Un tel schéma est séduisant sur le papier. Appliqué à un pays, il neutralise les risques d'effets concurrentiels indésirables car il frappe indifféremment les émissions d'origine locale ou importées.

Dans le cadre d'un accord international, la TVA carbone se calculerait au prorata du contenu carbone des biens et services consommés, ce qui a des impacts distributifs non négligeables. Une partie des nouvelles émissions des pays émergents sont le fait d'usines qui approvisionnent les pays riches. La Chine est par exemple devenue l'« atelier du monde ». Du coup, une proportion élevée de ses émissions correspond à des biens et services vendus à l'extérieur : plus d'un quart en 2005, d'après les études disponibles à ce jour. Symétriquement, si on tente de mesurer en France l'impact carbone de l'ensemble des biens et services consommés sur le territoire national, on accroît de 50 % les émissions ! L'empreinte carbone de notre mode de vie est donc supérieure à ce que mesure l'inventaire national transmis chaque année au secrétariat de la Convention climat. Ne serait-il pas équitable de construire un accord international à partir des empreintes carbone des différents pays plutôt que des inventaires actuellement utilisés ?

En théorie sans doute : ce serait une application possible du principe de différenciation de la responsabilité. Concrètement, on ne dispose pas des instruments de mesure requis. La mise en place d'une tarification du carbone basée sur les consommations impliquerait que les flux de carbone soient suivis dans l'économie à travers les comptabilités microéconomiques, ce qui est une perspective lointaine. La même difficulté se pose pour l'établissement parfois préconisé de taxes carbone aux frontières.

Une autre proposition serait d'introduire une tarification du carbone à partir d'un contrôle des émissions tout à fait à l'amont. Si on se limite aux émissions de $CO_2$ liées à l'énergie, on s'aperçoit en remontant à l'amont qu'il suffit de mettre un prix sur trois produits : le charbon, le pétrole et le gaz.

Pourquoi dès lors ne pas plafonner les droits d'émission des producteurs d'énergie fossile en fonction des réserves estimées des mines de charbon et des gisements de pétrole ou de gaz ? Un tel dispositif, décrit dans un précédent ouvrage[5], permettrait de limiter *ex ante* la quantité d'énergie fossile à sortir du sous-sol en fonction de la contrainte climatique. S'opposerait-il à l'intérêt des pays producteurs d'énergie fossile ? Pas plus que les autres modalités d'un accord climatique. À y regarder de plus près, une répartition judicieuse des droits faciliterait l'intégration des pays pétroliers dans une coalition : avec la contrainte croissante, le prix des permis requis pour extraire les fossiles du sous-sol augmenterait. Ces permis constitueraient une rente carbone, détenue par les producteurs d'énergie fossile en plus des rentes minières. La gestion optimale conduirait les détenteurs des gisements les moins performants à réaliser leur rente carbone en vendant leurs permis et en renonçant à extraire les énergies fossiles correspondantes du fond de leurs puits.

Un tel système n'est toutefois pas plus réaliste que le précédent. Sa mise en œuvre se heurterait au casse-tête de l'évaluation des réserves disponibles dans le sous-sol, l'un des secrets les mieux gardés par les acteurs qui comptent dans la géopolitique de l'énergie.

## *Retour aux réalités pratiques*

Les exemples précédents rappellent que si l'imagination des économistes peut être créative, leurs recommandations ne sont utiles que si elles ont une probabilité, même faible, d'être mises

5. Christian de Perthuis, *Et pour quelques degrés de plus*, Pearson, 2011.

en œuvre. Il faut pour cela passer de la théorie à la pratique. En pratique justement, il y a trois problèmes principaux posés aux négociateurs à la veille de la conférence Paris-climat 2015.

*A.* En l'absence d'un système indépendant de mesure et vérification des émissions s'appliquant à tous les pays, il sera pratiquement impossible d'agréger les fameuses « contributions nationales » et encore moins d'évaluer par la suite l'effectivité de leur mise en œuvre. Construire un cadre commun de suivi des émissions qu'acceptent de rejoindre les pays hors Annexe I constitue la première pierre sur laquelle doit reposer le futur accord climatique. Ces pays ont d'autant moins d'incitations à le faire qu'ils ne croient pas aux promesses financières faites par les pays riches à Copenhague.

*B.* Le principe de différenciation de responsabilité a pris la forme de la promesse de transferts financiers annuels de 100 milliards de dollars, empoisonnant les discussions. Si des gages importants ne sont pas donnés aux pays moins avancés lors de la conférence de Paris, il n'y aura pas le nombre de signatures requis au bas du futur accord universel.

*C.* Pour crédibiliser les engagements qui seront déposés par les différents pays, on ne doit pas trop compter sur la forme juridique et institutionnelle de l'accord qui ne fait pas consensus. Cela ne rend que plus indispensable l'introduction d'un prix international du carbone qui modifie le fonctionnement de l'économie, les systèmes atomisés de tarification existants étant loin de délivrer les signaux requis.

On voit difficilement comment un instrument unique permettrait de résoudre l'ensemble de ces questions. C'est la raison pour laquelle nous préconisons une double tarification du carbone. Un système hybride couplant taxe et système de permis, pas très orthodoxe par rapport aux enseignements des manuels d'économie. Cette double tarification pourrait être instituée entre 2015 et 2020 si la conférence de Paris donne les bonnes impulsions. Le premier volet, le « bonus-malus » carbone, est un jeu d'incitations tourné vers les gouvernements. Son objectif est d'attirer les 196 parties dans un accord international crédible, sur la base d'une interprétation nouvelle du principe de différenciation de la responsabilité. Le second volet, la constitution d'un marché transcontinental du carbone, vise à poser les jalons d'une tarification internationale du carbone dirigée vers les acteurs de l'économie.

## *Un « bonus-malus » carbone à l'échelle mondiale*

Pour inciter les gouvernements à entrer dans un jeu coopératif, il faut utiliser un mécanisme qui soit simple et transparent. C'est le cas du système de « bonus-malus » mis en place au moment du Grenelle de l'environnement pour inciter à l'achat de véhicules faiblement émetteurs de $CO_2$. Pourquoi ne pas appliquer un mécanisme similaire aux 196 parties qui se retrouvent autour de la table de négociation ? C'est l'une des idées nouvelles avancées par la chaire Économie du climat de l'université Paris-Dauphine[6].

Dans un tel système, tout pays dépassant le niveau moyen d'émission par tête devrait verser une contribution sur chaque tonne émise au-dessus du seuil ; symétriquement, chaque pays émettant moins que ce niveau de référence recevrait une

6. Christian de Perthuis et Pierre-André Jouvet, « Les voies d'un accord climatique ambitieux en 2015 », *Opinions et Débats* du Labex Louis Bachelier, numéro spécial février 2015.

compensation calculée à partir de l'écart entre ses émissions par tête et la moyenne mondiale. Par construction, le dispositif s'équilibrerait d'année en année. Il bénéficierait au démarrage aux pays qui ont les plus faibles émissions par habitant où se trouvent la majorité des pays les moins avancés. En 2011, les trois premiers bénéficiaires du dispositif auraient été l'Inde, le Bangladesh et le Pakistan. Ces pays auraient une incitation financière à rejoindre l'accord climatique. En régime de croisière, le « bonus-malus » inciterait l'ensemble des pays à réduire leurs émissions par habitant pour alléger leur malus ou accroître leur bonus suivant leur position initiale.

Comme dans les cas d'introduction d'une taxe carbone au plan national, la première question concerne le taux à utiliser pour le calcul des « bonus-malus ». Les niveaux des prix théoriques calculés par les économistes semblent trop élevés pour faire l'objet d'un consensus dans l'enceinte des négociations. De plus, l'objectif est ici d'attirer les gouvernements dans un système solidaire d'action collective, pas de changer les règles de fonctionnement de l'économie. On peut donc viser un taux plus modéré, compte tenu des objectifs visés.

Un taux de 1 dollar la tonne, permettrait de lever plus de 10 milliards de dollars d'après les chiffres d'émissions de 2011. Largement du quoi financer le déploiement d'un dispositif de mesure, *reporting* et vérification des émissions dans les pays en développement. C'est l'objectif visé ! Mais la carotte risque d'être un peu juste. Il convient d'ajouter un second objectif au dispositif de « bonus-malus » : celui de crédibiliser la promesse de transferts financiers de 100 milliards de dollars. Un taux de 7 dollars la tonne de $CO_2$ permet de dégager des ressources suffisantes pour transférer 100 milliards par an vers les pays à faible niveau d'émission par habitant.

Sur ces 100 milliards, un peu plus de 60 milliards proviendraient des pays occidentaux et du Japon ; un peu moins de 20 milliards auraient pour origines les pays exportateurs d'hydrocarbures (Russie et Arabie Saoudite notamment). Les 20 milliards restants proviendraient des pays asiatiques ayant décollé (Chine et Corée notamment). L'introduction du « bonus-malus » engendrerait donc des redistributions entre pays conformes au principe de responsabilité commune mais différenciée tout en abandonnant son interprétation binaire qui bloque la négociation.

Le principal obstacle à lever pour lancer le système est de convaincre les gouvernements des pays donateurs, même si le poids des contributions est en réalité très modeste sitôt qu'on le rapporte à la taille de leur économie. La négociation pour y parvenir peut jouer sur les dates de référence auxquelles sont très sensibles les transferts. La Chine est par exemple récipiendaire de 25 milliards de dollars si l'année de référence choisie est 1990, ou contributrice à hauteur de 15 milliards de dollars avec les données les plus récentes. Un deuxième instrument économique pourrait faciliter une telle négociation : la mise en place d'un marché transcontinental du carbone couvrant les secteurs les plus émetteurs, calé sur des trajectoires ambitieuses de réduction d'émission. Un tel marché permettrait aux gouvernements d'engranger des fonds grâce à la mise aux enchères des permis d'émission délivrés aux acteurs privés.

## *Un marché transcontinental du carbone*

Le « bonus-malus » incite les pays les moins avancés à rejoindre l'accord universel par les redistributions qu'il engendre. Il n'introduit pas directement un signal prix du carbone incitant à modifier les comportements de production et de consommation. Pour introduire un prix international du carbone dans l'économie, une stratégie judicieuse consiste à réduire drastiquement le nombre de joueurs au démarrage. Parmi les pays engagés dans la Convention climat, on peut former une coalition de grands émetteurs acceptant de coupler l'objectif de réduction de leurs émissions à un mécanisme commun de type *cap & trade* faisant émerger une valeur internationale du carbone. Les deux critères pour sélectionner les joueurs entrant dans la coalition initiale sont leur taille et leur courbe d'expérience en matière de tarification du carbone. Ils conduisent à sélectionner trois joueurs.

Le critère de la taille montre qu'avec dix joueurs on couvre 75 % des émissions mondiales de $CO_2$ d'origine énergétique. Avec les trois premiers, la Chine, les États-Unis et l'Union européenne, on est déjà à 53 %. Ces trois pays remplissent également le critère de courbe d'expérience. Comme on l'a vu précédemment, l'Union européenne a été la première à tarifer à grande échelle les émissions de $CO_2$ de son industrie. Les États-Unis qui ont introduit un système de *cap & trade* pour réguler les émissions de $SO_2$ durant la décennie 1990 disposent de la plus longue courbe d'expérience de ce type d'instrument, désormais utilisé dans certains États pour le $CO_2$. La Chine procède depuis 2012 à l'expérimentation de marchés régionaux du carbone dans des municipalités et provinces regroupant quelque 250 millions d'habitants. La prochaine étape consiste à tirer les leçons des prototypes pour passer à l'échelle nationale.

Ces systèmes ont en commun de fonctionner chacun dans une logique de *cap & trade*, mais se déploient de façon non concertée. Cela conduit à une fragmentation qui génère une multiplicité de prix du $CO_2$ préjudiciable à l'efficacité globale du système. Le noyau dur d'un futur accord climatique pourrait consister à raccorder ces différents marchés en posant les bases, entre 2015 et 2020, d'un marché transcontinental du carbone.

D'un point de vue technique, deux marchés du carbone sont totalement interconnectés sitôt qu'il y a une reconnaissance réciproque des quotas pour assurer la conformité. Sur un marché transcontinental, une centrale électrique américaine peut se mettre en conformité en utilisant des quotas chinois, une cimenterie européenne peut utiliser des quotas américains et une aciérie chinoise des quotas européens : les trois pays mettent au pot commun leurs réductions d'émission. Pour y arriver, il faut préciser les règles du jeu dans quatre domaines : harmoniser les dispositifs existants de mesure et vérification, pour que l'intégrité environnementale du dispositif soit assurée ; s'accorder sur les niveaux actuels et futurs des permis à distribuer, autrement dit sur le plafond d'émission ; s'entendre sur le mode d'allocation des quotas en privilégiant les mécanismes d'enchères ce qui implique de s'accorder sur la répartition du produit des enchères ; construire une gouvernance commune, indépendante des lobbies et des pressions du court terme, pour s'assurer que les réductions d'émission obtenues au moindre coût sont bien en ligne avec la trajectoire de réduction d'émission visée à long terme.

Sous l'angle politique, cela implique que les trois premiers émetteurs du monde acceptent de mutualiser une partie des engagements de réduction. Quel intérêt trouvera chacun des trois acteurs à former une telle coalition ? Pour l'Union européenne, ce serait l'occasion de quitter la posture du « coureur solitaire » et surtout une belle opportunité de remettre sur les rails le système d'échange de quotas de $CO_2$ en le fondant dans une gouvernance plus large. Lier les engagements du pays à un mécanisme international de flexibilité a été une orientation constante de la diplomatie climatique américaine, qui contraste avec la difficulté du pays à mettre un tel système en place au niveau fédéral. Dans cette zone économique, les États fédérés pourraient au démarrage combler cette carence fédérale en participant à la coalition initiale. Plusieurs marchés du carbone y sont en développement, et l'interconnexion réussie entre le marché de la Californie et celui du Québec peut être le prélude à une coalition qui morde bien plus largement sur les émissions de la région. La Chine est de loin le pays qui dispose du pouvoir de négociation le plus grand, de nature à lui permettre de tirer un bénéfice élevé des règles d'allocation communes. Le risque serait qu'elle abuse de ce pouvoir en obtenant trop de droits à émettre.

Le marché transcontinental du carbone, limité au démarrage aux seules émissions de $CO_2$ énergétiques, devra reposer sur une gouvernance qui tire toutes les leçons des difficultés jusqu'à présent rencontrées au sein de chacun de ses promoteurs pour faire émerger la valeur carbone. La réussite de cette coalition initiale se mesurera à sa capacité à construire un dispositif ouvert sur les autres grands émetteurs qui doivent être incités à le rejoindre pour le consolider.

En cas d'accord climatique, les pays ne participant pas à la coalition initiale devront déposer des engagements (ou « contributions ») à la Convention, suivant les règles de suivi et de *reporting* que l'introduction du « bonus-malus » aura permis de généraliser. Mais ces objectifs ne seront pas mutualisés dans le système d'échange de droits d'émission dans un premier temps. Ils le seront dans les étapes suivantes s'ils rejoignent la coalition des pays participant au marché transcontinental du carbone.

Les candidats les plus intéressants pour atteindre la taille critique sont l'Inde, la Russie, le Japon et la Corée du Sud. Il faut également tenir compte du critère de la courbe d'expérience en matière de tarification du carbone, un pays ne pouvant rejoindre la coalition que s'il a déjà mis en place en interne les infrastructures nécessaires à une telle tarification. De ce point de vue, la Corée du Sud qui travaille au lancement d'un système de marché du carbone couvrant les émissions de son industrie est plus avancé que d'autres grands émetteurs. Comment inciter ces pays à rejoindre le groupe des trois pays pionniers ?

En premier lieu, les gouvernements des grands émetteurs y seront incités par l'existence du « bonus-malus ». Dans tous les cas, ces gouvernements seront incités à chercher des réductions d'émission peu coûteuses pour améliorer leur position dans le système en réduisant leurs émissions par habitant plus rapidement que la moyenne. Une motivation supplémentaire vient s'y greffer, notamment pour ceux qui auront à trouver des ressources additionnelles pour régler leur malus : les recettes des enchères. En régime de croisière, si les engagements des grands émetteurs sont à la hauteur, le prix du carbone sur le marché transcontinental devrait en effet se fixer à un niveau significativement supérieur aux 7 dollars du « bonus-malus ». Les recettes procurées par les enchères deviendraient alors un moyen de faire face relativement facilement aux obligations financières du malus.

En second lieu, le marché transcontinental du carbone sera d'autant plus attractif qu'il permettra de déclencher des investissements nouveaux.

## *Le redéploiement des financements*

À mesure que s'éloignait la perspective de généralisation d'une tarification du carbone avec la mise aux oubliettes des mécanismes de flexibilité du protocole de Kyoto, les propositions se sont multipliées pour mobiliser des financements additionnels et remplir les tuyauteries devant convoyer les 100 milliards de dollars promis à Copenhague. Que faut-il penser de ce type d'initiative ? On peut compter sur les financiers pour rivaliser d'imagination en matière de montage de produits non conventionnels, même si l'expérience montre que ces produits ne résistent guère au temps. C'est ennuyeux pour financer une transition climatique qui doit s'opérer sur plusieurs décennies et requiert, paraît-il, la mobilisation d'énormes capitaux.

Ainsi formulée, la question du financement apparaît un peu hors sol. La transition climatique implique avant tout de rediriger des capitaux, disponibles en abondance, mais qui ne s'investissent pas spontanément dans le bas carbone. Les États-Unis n'ont eu aucune difficulté pour mobiliser des centaines de milliards de dollars vers l'exploration puis l'exploitation des hydrocarbures non conventionnels. Investir dans une chaîne de production, transport et distribution de gaz naturel australien à destination du Japon requiert un investissement de l'ordre de 50 milliards de dollars que les grands opérateurs énergétiques n'ont aucune difficulté à trouver : au prix du gaz naturel liquéfié japonais, c'est très rentable et relativement peu risqué. La montée en régime du marché transcontinental du carbone vise à incruster la valeur carbone dans le jeu économique pour que les mêmes capitaux se détournent de ce type d'investissement au profit des alternatives aux fossiles.

Le signal prix du $CO_2$ est-il suffisant pour déclencher cette mutation ? Ce serait le cas si les marchés fonctionnaient comme dans les manuels d'économie. Pas dans la réalité.

En premier lieu, le marché des capitaux est défaillant en ce qui concerne le temps long, celui du risque climatique. Cela a conduit Jean-Charles Hourcade, l'un des premiers économistes français à s'être penché sur le climat, et Michel Aglietta, à proposer un mécanisme à double détente couplant garantie d'achat de crédits carbone par les gouvernements et refinancement monétaire par la Banque centrale[7]. Le dispositif est astucieux et bien adapté à la période déflationniste où la Banque centrale a besoin de nouveaux canaux pour soutenir la création monétaire. Il prend tout son sens s'il s'intègre dans un contexte d'introduction du prix du carbone où les agents économiques vont payer les coûts du dommage climatique. En aucun cas, il ne peut lui servir de substitut. Il en va de même des autres propositions de financements non conventionnels mises sur la table.

En second lieu, le marché des capitaux ne touche pas tout le monde. Une grande partie de la population mondiale n'y a pas accès. On ne va quand même pas attendre que les fermiers africains ou asiatiques soient intégrés au marché des capitaux pour

7. Michel Aglietta et Jean-Charles Hourcade, « Un mécanisme pour la relance verte », *Le Monde*, « Idées », 14 juin 2012.

financer les investissements dont ils ont besoin. Le « bonus-malus » carbone peut sous cet angle devenir un puissant levier pour mobiliser des financements. Faut-il au préalable s'accorder sur leur fléchage, notamment en subordonnant leur utilisation à des résultats à atteindre en matière de réduction des émissions ? Le fermier du bassin du Congo, du delta du Gange et du Brahmapoutre, ou d'Amazonie doit certes apprendre à intensifier ses mises en valeur sans accroître démesurément l'usage des engrais chimiques et tout en protégeant les arbres. Vaste programme pour découpler développement économique et émissions de gaz à effet de serre ! Quotidiennement, il fait surtout face à un problème de survie qu'aggrave le réchauffement. Si l'accord climatique ne comprend aucune disposition concernant l'adaptation au changement climatique, il n'est tout simplement pas fait pour lui.

## *Place de l'adaptation dans l'accord climatique*

Avec le temps qui passe et les émissions de gaz à effet de serre qui continuent de s'accumuler, les impacts du changement climatique sont là. Ils vont s'amplifier pendant plusieurs décennies, même si les scénarios de réduction d'émission les plus ambitieux sont mis en œuvre. L'adaptation au changement climatique consiste à agir par anticipation pour réduire au maximum ces impacts négatifs. Elle ne peut être conduite qu'à l'échelle locale. À l'inverse de l'action sur les émissions, elle génère des bénéfices pour ceux-là mêmes qui l'entreprennent. On ne rencontre donc pas le problème du « passager clandestin » et il n'y a nul besoin d'un accord international pour développer des coopérations fructueuses entre pays.

L'adaptation s'est pourtant invitée parmi les nouvelles thématiques de la négociation internationale. Au premier abord, cette intrusion semble compliquer les choses : le protocole de Montréal ne comportait aucune disposition pour se protéger des cancers de la peau, ce qui ne l'a pas empêché d'atteindre son objectif d'éradication des gaz détruisant la couche d'ozone. En ce qui concerne le changement climatique, il n'y a guère de choix. L'adaptation constitue une revendication et une monnaie d'échange. La revendication vient des pays les plus vulnérables qui exigent un accord leur permettant d'être mieux armés face à un réchauffement qu'ils n'ont pas provoqué. Inclure dans le futur accord international un dispositif facilitant la mise en œuvre de telles stratégies est devenu une monnaie d'échange : sans garanties solides sur ce volet, les pays les plus vulnérables n'intégreront pas l'accord.

Pour que le volet adaptation soit opérationnel, l'accord international ne doit pas seulement prévoir un « guichet » auquel viendront s'approvisionner les pays « ayants droit ». Il faut mettre sur pied des structures capables de sélectionner les projets les plus pertinents et d'évaluer ensuite leur mise en œuvre. Ce pourrait être demain le rôle du Fonds vert s'il parvient à réunir les compétences requises et une gouvernance qui ne soit pas un obstacle à la prise de décision. Quels domaines viser en priorité ?

Le cinquième rapport du GIEC a révisé à la hausse les projections de remontée du niveau de la mer. Il souligne la vulnérabilité des zones de deltas, dont les plus peuplées sont situées en Asie et en Afrique. Un programme portant sur les stratégies de défense face à ce risque aurait tout son sens. Les financements devraient être ciblés sur les zones à plus forte vulnérabilité et favoriser le partage d'expérience avec les pays les plus innovants dans la recherche de solutions (les Pays-Bas en particulier).

Un autre domaine sur lequel se penche le cinquième rapport du GIEC est la vulnérabilité de la production alimentaire des pays en développement aux perturbations climatiques. Sur le plan technique, une voie d'adaptation importante pour les agriculteurs est de disposer de matériels vivants (semences et animaux) capables de résister aux changements des conditions climatiques. N'est-ce pas le moment de lancer un programme de sélection de semences adaptées aux conditions locales, sous l'égide des Nations unies, pour accroître les capacités de réponse des agriculteurs du Sud aux dérèglements du climat ? Le cas des zones arides mérite une attention particulière. Les techniques de remise en état des sols agricoles permettent de freiner la progression des déserts en revivifiant les sols. Une fois régénérés, ces sols peuvent stocker du carbone. Une action très bénéfique pour freiner le réchauffement global !

L'inclusion d'un volet adaptation dans le futur accord climatique permet de motiver des pays qui n'ont aucune raison de rejoindre une coalition visant à infléchir des trajectoires d'émission dont ils ne sont pas responsables. C'est aussi une question d'efficacité. À court terme, certaines solutions pour améliorer l'adaptation permettent aussi d'agir sur les émissions ou le stockage de carbone dans les sols ou les plantes. On est alors gagnant sur les deux tableaux. À plus long terme, si les pays les moins avancés, aujourd'hui très faiblement émetteurs, restent en marge de l'accord, leur développement risque d'en faire demain de nouveaux moteurs d'accroissement des émissions, comme le sont aujourd'hui les pays émergents. Dans un tel cas de figure, on voit mal comment le monde pourrait rejoindre une trajectoire d'émission compatible avec l'objectif des 2 °C. L'efficacité, autant que l'équité, implique que les pays moins avancés soient partie prenante de l'accord climatique.

CONCLUSION

# Et s'il n'y avait pas d'accord ?

Peut-on juger sur le moment du succès ou de l'échec d'un sommet diplomatique ? Les leçons de l'histoire recommandent la plus grande prudence. En 1944, la signature du GATT (*General Agreement on Tariffs and Trade*) passe totalement inaperçue. Ses règles favoriseront une réduction rapide des tarifs douaniers dans le monde. Dans les années 1990, l'Organisation mondiale du commerce succède au GATT pour renforcer la gouvernance multilatérale. C'est le début d'un enlisement sans précédent des négociations commerciales. Des traités internationaux peu connus comme ceux régissant le déploiement des armes nucléaires ou l'organisation de l'aviation civile exercent une influence majeure sur la vie internationale. Des sommets bien plus médiatisés, comme celui du Millénaire tenu en septembre 2000, restent purement déclaratifs. Le 14 décembre 2015, lorsque sera publié le communiqué clôturant les travaux, dans quelle catégorie faudra-t-il ranger la conférence de Paris ?

Comme celle de Copenhague, la conférence de Paris intervient dans un calendrier onusien qui en fait le rendez-vous « de la dernière chance » pour poser les fondations d'un nouvel accord climatique. C'est ce qui explique la médiatisation de l'événement et la mobilisation des acteurs dans le cadre d'un « agenda des solutions ». Le rendez-vous intervient au terme d'un surplace diplomatique de plusieurs années que n'ont pu totalement masquer les communiqués d'autosatisfaction clôturant chaque conférence. Une certaine défiance s'est répandue dans l'opinion à l'égard du dispositif mis en place dans le cadre des Nations unies. Si Paris-climat 2015 ne marque pas une rupture avec le ronronnement de la machine onusienne, on voit mal comment un accord ambitieux pourrait émerger.

Cette rupture doit à notre sens venir d'un retour aux principes fondamentaux de la Convention de 1992. Son objectif est de coordonner l'action de 196 pays pour freiner le réchauffement de la planète en infléchissant les émissions de gaz à effet de serre. Il faut donc cesser de charger l'agenda par de multiples considérations périphériques qui détournent de l'essentiel : la réduction coordonnée des émissions pour faire face au risque climatique. Grâce aux travaux du GIEC, les décideurs sont correctement informés de l'inflexion majeure que cela représente au vu de la pente actuelle de la trajectoire des émissions mondiales. Le nœud gordien de la négociation est de s'accorder sur la contribution de chacun à l'inflexion globale.

Le principe de la responsabilité commune mais différenciée peut y aider, à condition de remiser son interprétation binaire, totalement orthogonale aux mutations de l'économie contemporaine. La responsabilité historique des pays industrialisés ne saurait exonérer le reste du monde de toute contrainte. Une rupture attendue du futur accord climatique est d'élargir les engagements de réduction d'émission en incluant les pays émergents et les pays exportateurs d'énergie fossile. Pour que cela soit possible, les pays développés doivent être bien plus convaincants sur leurs propres engagements. La révolution des pétroles et gaz de schiste aux États-Unis, le recul de l'engagement japonais consécutif à l'accident de Fukushima, l'affaiblissement européen envoient de ce point de vue des signaux ambigus, pour ne pas dire inquiétants.

Le 14 décembre 2015, les observateurs ne manqueront pas de prendre les calculettes pour additionner les contributions des uns et des autres afin d'évaluer l'ambition globale du dispositif. La réussite du sommet pourra-t-elle se jauger à partir de ces chiffres ? L'opinion est lasse des déclarations ronflantes mais sans réel impact sur la réalité. Il faudra examiner ce qui dans l'accord crédibilise les engagements pris. On ne peut guère compter sur sa forme juridique pour le faire. L'articulation de cibles de long terme à des objectifs de moyen terme révisables à intervalles réguliers est une innovation donnant au futur accord une profondeur temporelle qui faisait défaut à Kyoto et à Copenhague. Se donner de la flexibilité sur le moyen terme en restant inflexible sur l'objectif ultime est un gage de crédibilité. Reste le plus stratégique : la mise en place des bonnes incitations économiques.

Pour mordre sur les émissions de gaz à effet de serre, comme le fit en son temps le protocole de Montréal pour les gaz CFC, l'accord de Paris doit mettre en place un dispositif indépendant de mesure et de vérification qui s'applique à tous en déployant les bonnes incitations économiques. L'introduction d'un prix international du carbone reste, à cet égard, la variable d'action centrale. Dans son fonctionnement actuel, l'économie mondiale n'accorde aucune valeur à la protection du climat : la somme des soutiens publics aux énergies fossiles a plus d'impact que celle des systèmes de tarification du carbone en gestation. Tant que perdurera cette situation, les tentatives d'inflexion rapide des émissions de gaz à effet de serre échoueront. Introduire un prix international du carbone changerait la donne : aujourd'hui source des problèmes, l'économie deviendrait génératrice de solutions.

À mesure que la négociation onusienne se grippait, la question de la tarification internationale du carbone a été rejetée à la périphérie du processus. Elle doit être remise au centre de la table de négociation. Un dispositif du type « bonus-malus » carbone permettrait de donner une véritable consistance à la promesse du transfert annuel de 100 milliards faite à Copenhague. C'est une condition *sine qua non* d'adhésion de la majorité des pays en développement à l'accord climatique, et donc de déblocage des négociations. L'introduction du « bonus-malus » constitue aussi le véritable test d'engagement pour les pays pétroliers et les pays comme la Chine ou la Corée qui doivent désormais se situer du côté des contributeurs.

Le « bonus-malus » incite les gouvernements à rejoindre un accord universel. Pour faire la différence, la conférence de Paris doit également donner une impulsion nouvelle aux marchés du carbone qui tarifient le $CO_2$ pour les entreprises et les ménages. L'essaimage non coordonné de marchés de permis dans le monde ne peut délivrer le signal requis. Il faut changer de braquet en contrecarrant cette atomisation génératrice d'inefficacité. La constitution d'un marché transcontinental du carbone repose au départ sur une coalition tripartite Chine, États-Unis, Europe qui reflète la nouvelle géographie des émissions mondiales. La taille d'un tel marché le rendrait attractif pour les autres parties. La principale difficulté de son lancement est politique : en s'engageant sur la voie d'un marché transcontinental du carbone, les trois ensembles économiques mutualisent en réalité leurs engagements de réduction d'émission, pour en réduire drastiquement le coût.

Le 14 décembre 2015, les observateurs ne disposeront que d'indices assez maigres pour juger si la conférence de Paris a produit les ruptures requises. L'efficacité d'un accord climatique se juge avec le temps. Celui du droit, en premier lieu : il faudra attendre 2020 pour que l'accord de Paris entre en application. Et le précédent du protocole de Kyoto est là pour rappeler que certains signataires au démarrage peuvent manquer à l'appel sur la ligne d'arrivée. Le temps de la mise en œuvre ensuite : il faudra une bonne dizaine d'années à partir de l'entrée en vigueur de l'accord pour évaluer si les trajectoires d'émission s'infléchissent dans le sens visé. Rendez-vous, donc, le 14 décembre 2030 !

Et s'il n'y avait pas d'accord climatique à Paris ? Cette hypothèse semble aujourd'hui incongrue. La probabilité que le sommet parisien se termine par un clash, sans la signature du moindre document, est voisine de zéro. Une telle situation aurait pourtant le mérite de la clarté. Pas d'accord climatique peut signifier la signature d'un pseudo-accord : un texte consensuel, mais si général qu'il n'a aucune portée réelle sur le cours des événements. Quelles en seraient les conséquences ?

Contrairement à une idée reçue, ce ne serait pas la fin de toute action face au réchauffement. Les démarches volontaires des acteurs privés ou infranationaux n'auraient aucune raison de s'interrompre. La pile de l'« agenda des solutions » dégonflerait, une fois refermées les belles opportunités de communication fournies par un sommet hypermédiatisé. Mais nombre d'acteurs mobilisés sur les territoires ne désarmeraient pas, malgré la non-prise en compte de la valeur climat dans le système économique.

Les gouvernements retourneraient chez eux pour conduire des transitions énergétiques à géométrie variable, suivant leurs objectifs propres. Les progrès tendanciels des gains d'efficacité énergétique se poursuivraient, de même que la pénétration croissante des énergies renouvelables dont le coût relatif a tendance à baisser par rapport aux technologies fossiles ou nucléaires. Face à la montée des pollutions locales, les grands émergents mettraient un sérieux coup de frein à l'usage du charbon à proximité des centres urbains. Tout cela n'est pas de nature à freiner suffisamment les émissions de gaz à effet de serre dans le monde, encore moins à le faire au moindre coût.

Les pays les moins avancés, les plus exposés au risque climatique, apparaîtraient rapidement comme les premiers perdants de ce jeu non coopératif. Confrontés à des impacts climatiques de plus en plus sérieux, ils parviendraient difficilement à contenir les flux migratoires, les conflits d'usage, voire les guerres et le terrorisme.

À mesure que le temps passe, la Convention climat se transformerait en une coquille vide. Le GIEC perdrait son rôle d'influence. De plus en plus isolée, l'Union européenne ne parviendrait plus à coordonner les politiques climatiques en son sein et finirait par abandonner son système d'échange de quotas de $CO_2$. Le poids du duopole Chine/États-Unis se renforcerait sur la scène climatique internationale. Il s'appuierait sur des accords bilatéraux de coopération scientifique s'élargissant bientôt aux techniques de géo-ingénierie qui visent à modifier artificiellement le fonctionnement du système climatique.

L'accumulation des gaz à effet de serre n'ayant pas été infléchie suffisamment tôt, les impacts négatifs du réchauffement s'amplifieraient. Ils pèseraient sur la croissance des pays en développement en grignotant une partie des gains réalisés en matière de lutte contre la pauvreté. Compte tenu du stock d'émissions accumulé, les coûts d'une action trop tardivement engagée sembleraient rédhibitoires. Dans un tel contexte, la tentation de déployer unilatéralement des solutions de géo-ingénierie pourraient revenir en force, malgré les avertissements réitérés des académies des sciences les plus prestigieuses sur les dangers d'une telle aventure.

Remettre la négociation climatique sur les voies d'un accord ambitieux à Paris est une entreprise compliquée. Le cadre multilatéral introduit nombre de contraintes qui semblent faire perdre du temps. Mais renoncer à ce cadre ne serait-ce pas s'exposer à des risques bien plus grands ? Au lecteur d'en juger, en connaissance de cause.

ANNEXE 1

# Les dates clés de la négociation climatique

**1988 :** Création du Groupe intergouvernemental des experts sur le climat (GIEC) sous l'égide de l'ONU.
**1990** : Publication du premier rapport d'évaluation du GIEC.
**1992 :** Signature de la Convention-cadre des Nations unies sur les changements climatiques (CCNUCC), entrée en vigueur en mars 1994 et ratifiée depuis par 196 parties.
**1995** : Publication du second rapport d'évaluation du GIEC.
**1995** : Conférence de Berlin (COP-1). Dans une décision connue sous le nom de « Mandat de Berlin », les parties entament un cycle de négociations en vue de décider des engagements détaillés pour les pays industrialisés. Après deux années de négociation, ce texte débouche sur le protocole de Kyoto.
**1997 :** Signature du protocole de Kyoto, lors de la troisième conférence annuelle des parties à la CCNUCC (COP-3), engageant les pays de l'Annexe B à réduire de 5,3 % leurs émissions moyennes 2008-2012 relativement à 1990.
**2001** : Publication du troisième rapport d'évaluation du GIEC.

**2005 :** Démarrage du système européen d'échange de quotas de $CO_2$ (EU ETS).
**2005 :** Entrée en vigueur du protocole de Kyoto à la suite de la ratification de la Russie.
**2007** : Publication du quatrième rapport d'évaluation du GIEC.
**2007** : Conférence de Bali (COP-13). La conférence accouche d'une « feuille de route » (*Bali Roadmap*) donnant un mandat de négociations pour l'après-Kyoto à deux groupes de travail. L'échéance de ces travaux est la conférence de Copenhague en décembre 2009.
**2008** : Adoption du paquet énergie-climat par l'Union européenne qui s'engage sur le « trois fois vingt » à l'horizon 2020 : 20 % d'énergie renouvelable ; 20 % d'efficacité énergétique en plus ; 20 % de réduction des émissions de gaz à effet de serre relativement à 1990.
**2009 :** Conférence de Copenhague (COP-15) débouchant sur un accord politique dans lequel les pays émergents acceptent le principe d'engagements de réduction d'émission en échange d'une promesse de financement des pays riches (100 milliards de dollars par an à partir de 2020).
**2010** : Conférence de Cancún (COP-16) durant laquelle les principaux éléments de l'accord de Copenhague sont intégrés dans les textes de négociation liés à la Convention climat.
**2011-2015** : Douzième plan quinquennal chinois qui prévoit des expérimentations de systèmes d'échange de permis de $CO_2$ dans cinq municipalités et deux provinces, préparant un schéma national après 2015.
**2011** : Conférence de Durban (COP-17) ouvrant un nouveau processus de négociation en vue d'un accord climatique universel démarrant en 2020, avec la date butoir de décembre 2015.

**2014** : Publication du cinquième rapport d'évaluation du GIEC.
**2014** : l'Union européenne s'engage à réduire ses émissions de gaz à effet de serre de 40 % en 2030 par rapport à 1990.
**2014** : Accord bilatéral Chine-États-Unis sur le climat annoncé à Pékin.
**2014** : Conférence climatique de Lima (COP-20).
**2015** : Conférence climatique de Paris (COP-21) en vue d'un accord climatique universel démarrant à partir de 2020.

ANNEXE 2

# Les vingt principaux émetteurs de $CO_2$ énergétique dans le monde

Le tableau ci-dessous présente les émissions de $CO_2$ énergétique (combustion de pétrole, gaz et charbon) des vingt pays les plus émetteurs en 1990 et en 2012. La dernière colonne présente la part cumulée des pays les plus émetteurs dans le total mondial des émissions. Par exemple, les émissions de la Chine, des États-Unis et de l'Union européenne totalisent 53 % des émissions mondiales en 2012. Les dix premiers émetteurs mondiaux représentent 75 % des émissions mondiales.

| **Rang** | **Pays** | **Émissions en 1990 ($MtCO_2$)** | **Émissions en 2012 ($MtCO_2$)** | **Part cumulée des principaux émetteurs dans le total mondial** |
|---|---|---|---|---|
| **1** | Chine | 2 278 | 8 251 | 26 % |
| **2** | États-Unis | 4 869 | 5 074 | 42 % |
| **3** | UE 28 | 4 068 | 3 505 | 53 % |

| **Rang** | **Pays** | **Émissions en 1990 ($MtCO_2$)** | **Émissions en 2012 ($MtCO_2$)** | **Part cumulée des principaux émetteurs dans le total mondial** |
|---|---|---|---|---|
| **4** | Inde | 581 | 1 954 | 59 % |
| **5** | Russie | 2 179 | 1 659 | 64 % |
| **6** | Japon | 1 057 | 1 223 | 68 % |
| **7** | Corée du Sud | 229 | 593 | 70 % |
| **8** | Canada | 428 | 534 | 72 % |
| **9** | Iran | 179 | 532 | 74 % |
| **10** | Arabie Saoudite | 151 | 459 | 75 % |
| **11** | Brésil | 192 | 440 | 76 % |
| **12** | Mexique | 265 | 436 | 78 % |
| **13** | Indonésie | 146 | 436 | 79 % |
| **14** | Australie | 261 | 386 | 80 % |
| **15** | Afrique du Sud | 254 | 376 | 81 % |
| **16** | Turquie | 127 | 302 | 82 % |
| **17** | Ukraine | 688 | 281 | 83 % |
| **18** | Thaïlande | 80 | 257 | 84 % |
| **19** | Taiwan | 115 | 257 | 85 % |
| **20** | Kazakhstan | 236 | 226 | 86 % |
| | | | | |
| | Monde | 20 974 | 31 734 | |

*Source : Agence internationale de l'énergie, 2014.*

Note : Ces chiffres ne prennent pas en compte les émissions de gaz à effet de serre hors $CO_2$, ni les émissions de $CO_2$ liées aux procédés industriels, à la déforestation et aux changements d'usage des terres. La prise en compte de ces émissions porterait le total mondial à environ 50 milliards de tonnes de $CO_2$ eq. en 2012.

# Glossaire

**Adaptation** : ensemble des actions visant à adapter notre société aux impacts du changement climatique pour en limiter les dommages et maximiser les bénéfices.

**Atténuation** (*mitigation* en anglais) : ensemble des actions visant à réduire la concentration des gaz à effet de serre dans l'atmosphère en limitant les émissions et en accroissant les capacités de stockage du carbone dans les sous-sols, la biosphère ou les océans.

**CFC, chlorofluorocarbures** : famille de gaz fluorés qui ont un rôle important dans la destruction de la couche d'ozone. Leur usage a été progressivement éliminé par le protocole de Montréal.

**$CH_4$, méthane** : principal composant du gaz naturel extrait du sous-sol et du biogaz issu de la fermentation de matières organiques animales ou végétales en l'absence d'oxygène. C'est un des principaux gaz à effet de serre.

**$CO_2$ équivalent** ($CO_2$ eq.) : méthode de mesure des émissions de gaz à effet de serre qui prend en compte le pouvoir de réchauffement de chaque gaz relativement à celui du $CO_2$. La mesure peut également être exprimée en carbone équivalent (C) : 1 kg $CO_2$ eq. = 0,27 kg C.

**Conférence des parties** (COP en anglais pour Conference of the Parties) : réunion annuelle des États signataires de la Convention-cadre des Nations unies sur les changements climatiques au cours de laquelle sont négociées les évolutions de la politique climatique internationale.

**CCNUCC, Convention-cadre des Nations unies sur les changements climatiques** (UNFCCC en anglais pour United Nations Framework Convention on Climate Change) : la Convention climat a été signée au sommet mondial de la Terre à Rio en 1992 par la plupart des pays. Elle reconnaît la réalité du changement climatique, propose de prévenir toute interférence humaine sur le climat et stipule la responsabilité commune mais différenciée des pays.

**Émissions anthropiques de gaz à effet de serre** : émissions de gaz à effet de serre résultant de l'activité humaine par opposition à celles entrant dans le cycle naturel du carbone. Elles résultent principalement de l'usage des énergies fossiles, des pratiques agricoles, du déboisement et de certains procédés industriels.

**FMI, Fonds monétaire international** : Institution internationale créée en 1944 qui a pour fonction d'assurer la stabilité du système monétaire international et la gestion des crises monétaires et financières.

**G20, Groupe des vingt** : groupe créé en 1999, composé de dix-neuf pays et de l'Union européenne dont les ministres, les chefs des banques centrales et les chefs d'État se réunissent régulièrement. Il vise à favoriser la concertation internationale en tenant compte du poids économique croissant pris par un certain nombre de pays.

**Gaz à effet de serre (GES)** : constituants gazeux de l'atmosphère, tant naturels qu'anthropiques, qui absorbent et réémettent le rayonnement infrarouge. Les six gaz à effet de serre d'origine anthropique reconnus par le protocole de Kyoto sont le dioxyde de carbone ($CO_2$), le méthane ($CH_4$), le protoxyde d'azote ($N_2O$) et les gaz fluorés ($SF_6$, PFC, HFC). Les gaz fluorés CFC sont par ailleurs couverts par le protocole de Montréal.

**Géo-ingénierie** : ensemble des techniques permettant à l'homme d'influencer directement le fonctionnement du système climatique, par exemple en réduisant l'intensité des rayons du soleil arrivant sur la Terre ou en modifiant le fonctionnement des puits de carbone naturel.

**Groupe d'experts intergouvernemental sur l'évolution du climat (GIEC)** : groupe de recherche piloté par l'Organisation météorologique mondiale et le PNUE (Programme des Nations unies pour l'environnement), chargé d'organiser la synthèse des travaux scientifiques sur le changement climatique (IPCC en anglais pour Intergovernmental Panel on Climate Change).

**HFC, hydrofluorocarbures** : famille de gaz notamment utilisés dans les systèmes de réfrigération, des aérosols et la fabrication de mousses isolantes. D'origine synthétique, ils servent de substituts aux CFC. Contrairement à ces derniers, ils n'attaquent pas la couche d'ozone ; en revanche ce sont de puissants gaz à effet de serre.

**INDC, Contribution nationale envisagée** (Intended Nationally Determined Contributions en anglais) : nom donné aux plans que doivent soumettre les États dans le cadre de la conférence de Paris, et qui décrivent l'éventail de mesures envisagées pour lutter contre le réchauffement climatique.

**Mécanisme pour un développement propre** (MDP, CDM en anglais pour Clean Development Mechanism) : instauré par l'article 12 du protocole de Kyoto, le MDP vise à réaliser des projets de réduction d'émission dans des pays en développement (hors Annexe I). Le développeur du projet obtient un crédit URCE (Unités de réduction certifiée des émissions, CER en anglais pour Certified Emissions Reduction) pour chaque tonne d'émission de gaz à effet de serre évitée.

**MIT, Massachusetts Institute of Technology** : université et institut de recherche américain, spécialisé dans les domaines de la science et des technologies.

**MRV** (mesure, *reporting* et vérification, *measurement, reporting and verification* en anglais) : ensemble de processus et procédures qui permettent la collecte d'informations factuelles (données), leur évaluation et leur vérification dans le but de suivre les émissions de gaz à effet de serre.

**$N_2O$, protoxyde d'azote** : également appelé oxyde nitreux, le $N_2O$ est un gaz à effet de serre provenant essentiellement de la transformation des produits azotés (engrais, fumier, lisier, résidus de récolte) dans les sols agricoles. Il est utilisé entre autres dans le secteur de la chimie.

**ONG** (organisations non gouvernementales) : organisations d'intérêt public, à but non lucratif, qui ne relèvent ni de l'État ni d'institutions internationales.

**Pays de l'Annexe I et pays de l'Annexe B** : les pays de l'Annexe I de la CCNUCC sont composés des pays développés et des pays en transition vers une économie de marché. Ils composent la majorité des pays de l'Annexe B du protocole de Kyoto, qui dresse la liste des pays ayant des engagements chiffrés de réduction d'émission.

**PIB** (produit intérieur brut) : le PIB mesure la production de richesse des agents économiques résidant à l'intérieur d'un territoire.

**Puits de carbone** : les puits de carbone sont des réservoirs qui peuvent absorber davantage de carbone qu'ils n'en émettent. Les forêts, les sous-sols ou encore les océans peuvent constituer des puits de carbone. Certaines technologies permettent d'accroître leur capacité de stockage.

**Quota d'émission** : unité de compte des systèmes de marché représentant une tonne de gaz à effet de serre. Les entités émettrices de gaz à effet de serre soumises au marché doivent périodiquement soumettre à l'autorité régulatrice autant de quotas que leurs émissions physiques pour assurer leur conformité.

**REDD** (Reduced Emissions from Deforestation and forest Degradation) : mécanisme négocié au plan international pour financer la déforestation évitée dans les pays tropicaux. On parle aussi de REDD+.

**Système européen d'échange de quotas d'émission** (SCEQE, EU ETS en anglais pour European Union Emissions Trading Scheme) : marché européen d'échange de quotas de $CO_2$ instaurant une limite d'émission pour plus de 11 000 installations industrielles.

# Remerciements

Nos premiers remerciements vont à l'équipe de la chaire Économie du climat sans laquelle nous aurions été bien en peine d'écrire cet ouvrage. Une mention particulière à Hugo Bois, Jean-René Brunetière, Benjamin Dequiedt, Bénédicte Meurisse, Marie Renner, Gabriela Simonet et Boris Solier pour la perspicacité de leur relecture du manuscrit. Nous tenons également à remercier Gaëlle Jullien, des éditions Odile Jacob, dont les conseils ont été précieux à toutes les étapes de notre projet.

# Table

DES MÊMES AUTEURS

**Christian de Perthuis :**

*Le Monde après la reprise,* Economica, 1993.

*La génération future a-t-elle un avenir ?,* Belin, 2003.

*La Finance autrement*, avec Jean-Pierre Petit, Dalloz, 2005.

*Le Développement durable*, avec Emmanuel Arnaud et Arnaud Berger, Nathan, 2014 (4e édition).

*Idées reçues sur le changement climatique*, avec Anaïs Delbosc, Le Cavalier bleu, 2009.

*Le Prix du carbone*, avec Denny Ellerman et Frank Convery, Pearson, 2010 ; version anglaise : *Pricing Carbon*, Cambridge University Press, 2010.

*Et pour quelques degrés de plus*, Pearson, 2010 (2e édition) ; version anglaise : *Economic Choices in a Warming World*, Cambridge University Press, 2011.

*Le Capital vert. Une nouvelle perspective de croissance*, avec Pierre-André Jouvet, Odile Jacob, 2013 ; version anglaise à paraître en octobre 2015 chez Columbia University Press.

*Le Complot climatique*, Roman, L'Harmattan, 2014.

**Raphaël Trotignon :**

*Comprendre le réchauffement climatique*, Pearson, « Comme un expert », 2009.

*Comprendre les enjeux énergétiques*, avec Boris Solier, Pearson, « Comme un expert », 2010.

Cet ouvrage a été composé
en Adobe Garamond Pro
par Nord Compo
à Villeneuve-d'Ascq (Nord).

Achevé d'imprimer en mai 2015 sur rotative numérique Prosper
par Soregraph à Nanterre (Hauts-de-Seine).

Dépôt légal : juin 2015
N° d'édition : 7381-3299-X
N° d'impression : 14475

L'imprimerie Soregraph est titulaire de la marque Imprim'vert® depuis 2004.
Ce livre est imprimé sur papiers issus de forêts gérées durablement.

*Imprimé en France*